# contents

# はじめに

人口減少や財政緊縮などを背景に、国立大学附属学校（以下、附属学校）の意義や役割があらためて問われている。そこで、弊社では昨年10月20日に『国立大学附属学校のすべて』を刊行し、その意義や役割を世間に向けて発信してみた。結果、多くの読者の注目を集め、現時点で残部僅少となっている。教育関係者はもちろん、さまざまな世代、業種の方々が附属学校に興味を抱いている証といえるのではないだろうか。

そもそも、日本の附属学校制度はすでに130年余の歴史を持っている。その間、附属学校はその特殊な使命を担い、教育研究を主導し、地域の公教育の実験校、モデル校、実習校として機能してきた。そして、時を経て人口減少の時代となった今、文部科学省もそれに応え、実務教育に力を入れようとしている。事実、教職大学院大学では定員の40㌫を実務経験者が占めているという。

一方、政府は2020年を目途に複数市町村からなる「圏域」を新しい行政単位とする方向性を示している。急速に人口減少が進むなか、医療施設や学校などの圏域運営を想定しているのだ。その動きはすでに具体化しており、たとえば東京都心の九段（千代田区）でも区立の九段小学校・幼稚園が合併して新校園舎が完成し、この9月から授業などで使用しない時間帯には体育館やランチルーム、家庭科教室が一般開放されるという。本格的に学校経営のイノベーションがはじまりつつあるのだ。

そして文部科学省は2019年度から「高校発の地方創生」にも取り組むとしている。各地からモデル事業を10～20校ほど選出し、自治体や企業、NPO法人、大学などと連携し「商店街の活性化」や「観光資源の活用」「介護ニーズへの対応」といったことを実践的に学び、安定的な人材育成をはかっていくそうだ。また「特別支援学校の4割がスポーツの部活やクラブ活動を行っていない」という実態調査が全国特別支援学校長会から公表され、東京パラリンピックまでに障害者スポーツの普及をはかっていこうとする動きも出てきた。

このように教育、そして附属学校を取り巻く環境は激変している。時代ニーズが求める学校教育とは何か、人間力を高める教育とは何かを問い、あらたな教育のあり方を模索する〝教育のルネッサンス〟がはじまりつつあるのだ。そこで、弊社ではこの時代における附属学校のあり方、そして教育・研究内容にあらためて注目することに。附属学校はどのような青写真を描いているのか、そしてどのようなことにチャレンジしているのか、その先進教育の一端を本書にまとめた。

本書ではまず、先進教育の動きを把握するために、編集部が注目する5校を選んでレポートし、ついで公募で選んだ先進の「研究事例」（寄稿記事）を掲載。「研究事例」は「学校部門」（12校）と「個人およびグループ部門」（2校）に分けて掲載した。また、附属学校によって組織された全国国立大学附属学校連盟（全附連）と附属学校のPTAによって組織された全国国立大学附属学校PTA連合会（全附P連）にもそれぞれのミッションや取り組みについて寄稿してもらった。そして、この教育シリーズVol.2の刊行にあたり、全附連や全附P連、文部科学省のほか、附属学校における教育プログラムの実践に取り組んでいる財務省や金融庁の方々にも、それぞれの取り組みや附属学校への思い、これからのビジョンなどを語ってもらった。聞き手は本書の刊行責任者である古川猛編集長が務めた。そのほか、巻末には全国の附属学校の教育理念などを掲載してあるので、あわせて参考にしていただきたい。ぜひとも本書を読んで附属学校の最新動向を知ると同時に、日本の教育のあり方についても思いを巡らせてみてほしいと思う。

編集部取材！

注目の国立大学附属教育／新潟大学教育学部附属長岡校園　新潟県長岡市

# 幼小中一貫教育の実践校にして地域の教員育成・教育拠点

新潟大学教育学部附属長岡校園は、
明治時代に新潟県女子師範学校の附属校としてスタートした歴史ある学校園だ。
幼稚園、小学校、中学校の教育現場が渡り廊下でつながった一体型の校舎では、
幼稚園児と小学生、中学生が日常的に交流し、教師同士の連携も活発、
とくに公立校では実施しにくい幼小接続期の研究を進めている。

## 12年一貫教育の要となる幼小接続期の研究

遊びなどを通した幼児期の教育から教科学習を中心とした小学校教育へと、子どもの生活や学びをいかに円滑に移行させるか。いわゆる「幼小接続期」は国立大学附属学校にとって重要なテーマだ。新潟大学教育学部附属長岡校園は、長年にわたって幼小中一貫教育研究を軸とした研究開発に取り組むなかで、幼小接続期に力を入れてきた。たとえば小学校の1、2年と幼稚園の年長の後半をひとまとめにして「第2ステージ」と位置づけ、それぞれの時間割を調整して小学校の生活科の授業と幼稚園の遊びを重ねて行ったり、合同遠足を実施したりしているほか、日常的にも交流する機会を設けているという。髙橋喜一郎副園長（附属幼稚園）によれば「本校園は全国的にも珍しく、1本の廊下で幼稚園と小学校、中学校すべての園舎・校舎がつながっているので、それぞれの距離がとても近いのが強みです。実際、休み時間には幼稚園児と小学生がおたがいの教育現場を行き来する姿がよく見られますし、幼稚園舎と小学校舎の間にある『ヤッホー広場』も、異学年同士の絶好の交流と遊びの場となっています」とのこと。

このように幼小接続期に重きを置いている同校園では、2018年の「幼稚園教育要領」「保育所保育指針」「幼保連携型認定こども園教育・保育要領」の法令改訂にもいちはやく対応。同要領等の「幼児期の終わりまでに育ってほしい10の姿」に関しては「教師が園児一人一人の『10の姿』の項目（『健康な心と体』『自立心』『協同性』『道徳性・規範意識の芽生え』『数量や図形、標識や文字などへの関心・感覚』など）を数値化し、全員分のカルテを作成している」という。全国的にも珍しい取り組みであり「従来は教師それぞれの主観に委ねられていた幼児教育の“見える化”につながる試み」と注目を集めているそうだ。「子どもの個性のすべてを詳細に数値

附属長岡中学校：
土佐幸子校長、柳沢学副校長

附属長岡小学校：
松澤伸二校長（右）、松井謙太副校長

附属幼稚園：
笠井直美園長、髙橋喜一郎副園長

①幼稚園(左手前)・小学校(中央)・中学校(奥)すべての校舎が渡り廊下でつながった附属長岡校園　②幼稚園舎と小学校舎の間の「ヤッホー広場」。小さな丘や森もある　③④幼稚園児と小学生の交流の様子　⑤⑥大運動会の様子

化するのは不可能ですが、客観的指標を用いればある程度の特徴を掴むことができ、幼稚園と小学校にまたがる第2ステージ教育の現場で大いに活用できるものと考えています」と笠井直美園長（附属幼稚園）は手応えを感じている。

　もちろん幼小だけでなく、中学生が加わっての交流の場面も多い。大運動会など、幼小中全学年合同で行われるイベントがいくつかあるほか、「中学校の数学科など多様な授業に小学生が参加したり、小中学校の教師が幼稚園の節分で鬼役を務めたり、中学校の英語教師がクリスマス会にサンタクロース役で登場したりと、本校では当たり前のように幼児や小学校低学年の頃から年長者と交流したり、ものを教わったりする環境が整っているのです」と土佐幸子校長（附属長岡中）。さらに同校園では小中の子どもたちが新潟大学を訪れる機会も用意している。教育学部だけでなく、農学部や災害・復興科学研究所、図書館などさまざまな学びの場を見学でき、ワークショップなどに参加できる「大学訪問の日」が毎年数回設けられているのだ。

## あらたに立ち上げた研究領域「いのち」

　もう一点、同校園の幼小中一貫カリキュラムにおける新しい取り組みとして、研究領域「いのち」を紹介したい。これは文部科学省の研究開発学校指定を受けて2017年度にあらたに立ち上げた教育テーマであり、土佐校長（附属長岡中学校）によれば「どのような時代にあっても尊重されるべき『生命』とその基盤である『安全』な社会について、教室と地域を舞台として幼小中12年間を通して学んでいく」ものだという。災害対策や医療、その他さまざまな事柄にまつわる学習を実施しているほか、2年次となる今年度は「いのち」というテーマをいかに各教科・領域と結びつけていくかを検討中。「多様な『生命』のあり方を認め、『安全』な社会の実現に役立てる資質や能力を、あらたな教育課程で育んでいきたい」と意気込んでいる。

## 研究開発を担当する教師たちが密に連携

　こうした数々の研究を実際の一貫教育の現場に落とし込んでいくためには、幼小中それぞれの研究開発担当の教師たちが目的と思いを共有し、情報や意見を活発に交換し合うことが大前提となる。その点について松澤伸二校長（附属長岡小学校）は「本校園では教師たちが幼小中の垣根を越え、おたがい密に連携して研究開発に取り組んでいる」と話す。たとえば以前、小学校の英語の授業でALT（外国語指導助手）にプレゼンする前に、小学生たちが中学校のお兄さん、お姉さんたちからアドバイスをもらう場が設けられたが、「それは小中の英語教師が事前に研究開発会議などを通じて話し合い、実現に向けて細かな調整を行ったからこそ成立したものだ」と松澤校長。なお、幼小中合同の校園全体研修は毎月の放課後に、研究開発会議は毎週、メンバーの担当授業がない曜日の午後に開かれ、活発な議論が交わされているという。

⑦中学生の技術・家庭科の授業に園児が参加　⑧小学生たちの新潟大学訪問の様子　⑨⑩幼稚園での節分やクリスマスなどのイベントに、小中学校の教師が参加

## 協働性や主体性を育み発揮できる教育現場

つづいて学力面のデータに注目してみたい。松井謙太副校長（附属長岡小）によれば、平成29年全国学力・学習状況調査で、附属長岡小は県や国、そして全国の国立大附属小学校と比較して、いずれの教科でも平均を上回る成績を収めていたそうだ。当然、地域から県内屈指の進学校としての期待の度合いは高く、これに応える形で小・中学校ともに先進的な教育を実践している。たとえば英語教育についていえば、2020年度から実施される新小学校学習指導要領を先取りして、すでに小学校低学年のうちからALTが入った授業を計画的に行い、高学年で週2回の外国語授業を実施。またICT導入についても、小学校で40台以上、中学校で60台以上のタブレット端末が各教科で用いられ、全校舎でWi-Fi環境も完備されている。だが「こうした学力面での成果や先進的な教育環境以上に、児童たちが協働学習の姿勢を自然と身につけていることに注目してほしい」と松井副校長は話す。

実際、先ほどの平成29年全国学力・学習状況調査の質問紙調査によれば「話し合うとき、友だちの考えを受けとめて、自分の考えをもつことができていますか」「自分とは異なる意見や少数意見のよさを生かしたり、折り合いをつけたりして話し合い、意見をまとめていますか」といった協働学習にまつわる質問項目に「はい」と回答した同校の6年生児童の割合が、全国の国立附属学校や国のデータよりも軒並み10ポイントほど高かったという。「幼稚園の頃から異学年との交流や協働して学習すること、自分たちで話し合って物事を解決することを重視した教育を行ってきた成果だと思います」と松井副校長は語る。その傾向は中学でも同様だ。柳沢学副校長（附属長岡中）曰く「ICTなどのツールを効果的・効率的に使いながらも、あくまでも授業の軸になっているのは協働学習。生徒たちはアナログなグループでの対話や討論を活発に行いながら、授業を主体的に進めています」と。

また、生徒が協働性や主体性を発揮する場として、部活動が活発なのも同中学校の特徴といえるだろう。昨今、全国的に教職員の過剰な労働時間の観点から「部活のブラック化」が社会問題となっているが、同校では1～3年生の8割以上が何らかの部に所属しているという。その点について、柳沢副校長（附属長岡中）は「生徒や保護者からの根強いニーズもあって話し合いを重ね、昨年度からすべての部で保護者会が組織され、原則として平日の勤務時間外と土日は保護者に部活動の運営を委託している」と話している。

## 教員育成・教育拠点としての使命

　最後に、同校園が地域の教員育成・教育拠点としてはたしている役割に触れておきたい。同校園が立地する中越地域は多くの部分が中山間地域であり、小規模な学校も多い。少子化を背景とした児童数減少で統廃合に追い込まれる学校が増えており、一方では高齢化でベテラン教職員がつぎつぎと引退していく代替わりの時期でもある。「そんな厳しい状況にあって、これまで通り教育の質を維持していくことができるのだろうかと、各地で教育に携わる方や保護者の方たちが不安に感じているのが現状です」と土佐校長（附属長岡中）。

　こうした背景にあって、同校園は現職若手教員の育成・教育の場として期待されている。現に毎年5月に同校園が開催する「教育研究協議会」には県内外から総勢1200名ほどの教育関係者が参観に訪れるそうだ。松澤校長（附属長岡小）によれば、この協議会の特徴は幼稚園から中学校まですべての学年・教科の保育・授業を公開すること。「とくに今、公立校では技術や美術、家庭科といった教科の指導者が不足しており、授業研究の場も少ないので、当校園で全科目の授業を公開している意義は大きい」という。

　ちなみに今年5月末に行われた教育研究協議会では、公開保育・授業のほか、同校園の取り組みのなかから地域の教育課題に関するテーマを設定した「ランチタイム・プレゼン」も実施された。また、同校園ではこの教育研究協議会だけでなく、秋にも小学校で13コマ、中学校で14コマの公開授業を行っている。そして幼稚園も年3回、保育者向けの参観日を設け、当日は新潟大学教員による造形遊びをはじめとしたワークショップなどを実施しているそうだ。

　ほかにも、同校園が地域の教員育成・教育拠点としてはたしている役割は多々ある。たとえば教員免許状更新講習を実施しているほか、教育学部の実習校として毎年300名を超える教育実習生を受け入れており、実習生は幼小中すべての校種の保育・授業を参観、12年間の学びや成長を肌で感じることができる。さらに、同校園から県や市に研修講師を派遣するなど、さまざまな形で地域の教育振興と人材育成に貢献。全国的な課題となっている「教師の働き方改革」の先陣を切る学校としても、その取り組み状況を随時発信しているという。

　一体型校舎を舞台とした幼小中一貫校として、独自の教育法や学びのあり方を追求しつつ、それを広く地域で共有し、教員の育成・教育拠点としての顔も持つ新潟大学教育学部附属長岡校園。少子高齢化時代の日本の教育界にあって異彩を放っている。

## DATA

**沿革**

| | |
|---|---|
| 1900 | 小学校が新潟県女子師範学校附属小学校として開校 |
| 1901 | 幼稚園が新潟県女子師範学校附属幼稚園として開園 |
| 1947 | 中学校が新潟第一師範学校女子部附属中学校として開校 |
| 1949 | 新潟大学発足 |
| 1951 | 新潟大学教育学部附属幼稚園、新潟大学教育学部附属長岡小学校、新潟大学教育学部附属長岡中学校と改称 |
| 1963 | 同一敷地内（長岡市住吉）に幼小中校園舎完成 |
| 1985 | 同一敷地内（長岡市学校町）に幼小中一体型の校園舎完成 |
| 1998 | 学部の改組により、新潟大学教育人間科学部附属幼稚園、新潟大学教育人間科学部附属長岡小学校、新潟大学教育人間科学部附属長岡中学校と改称 |
| 2008 | 学部の改組により、新潟大学教育学部附属幼稚園、新潟大学教育学部附属長岡小学校、新潟大学教育学部附属長岡中学校と改称 |

**教育理念**

[幼稚園]友達いっぱい 夢いっぱい 元気で遊ぶ附属の子
・友達と仲良く遊べる子ども
・健康で明るい子ども
・創造性豊かな子ども
[小学校]独立自尊
・新しいものをつくりだす子ども（個性的な創造活動）
・ねばり強く探求する子ども（主体的な解決活動）
・相手を尊重する子ども（民主的な集団生活）
[中学校]知性と品位をもち、社会を興す人となろう

**主な行事**

校園合同大運動会（幼小中）、栖吉川フェスティバル・そり遠足（幼小）、探検遠足（幼）、立山登山（小）、沖縄修学旅行（中）

新潟県長岡市学校町1-1-1
☎0258-32-4192（幼）／0258-32-4191（小）／0258-32-4190（中）
www.nagaoka.ed.niigata-u.ac.jp/

編集部取材！

注目の国立大学附属教育／金沢大学人間社会学域学校教育学類附属小学校
石川県金沢市

# 伝統的な教育法を大事に守りつつ時代の変化を捉えた教育研究を実践

金沢大学人間社会学域学校教育学類の附属５校園のひとつとして、
さまざまな教育研究を行っている同大附属小学校。140余年の歴史のなかで培われた
伝統的な教育法や行事を継続する一方、数々の先進的な取り組みを実践している。

## 附属5校園と大学との連携・協力体制を強化

文部科学省による全国の国立大学教育学部全44校の就職状況ランキングで、毎年トップクラスの教員採用実績を誇っている金沢大学。同大学人間社会学域学校教育学類では、実際に教員として教育現場に立つ人材の育成・教育はもちろん、附属5校園（幼稚園・小学校・中学校・高等学校・特別支援学校）を舞台とした教育研究や実証、教育現場の諸課題解決にも力を入れている。たとえば、課題のひとつであった附属5校園の校長・園長職が今年から専任となったという。「これまでは大学教員が兼務していたが、今年からは校長・園長が常勤する体制をとることで、各校園の組織マネジメント力が高まり、教育力も向上していくはず」と附属小学校の盛一純平校長は意欲を燃やす。また、あらたに大学教員による附属5校園の統括組織も設けられ、これまで以上に柔軟に各校園同士と大学との連携・協力を行えるようになった。たとえば「新学習指導要領にいかに対応していくか」という課題には、附属5校園が一丸となって取り組む必要がある。「新学習指導要領による教育改革は単独の教科や学年、学校にとどまるものではないからだ。「小学校における『外国語活動』（3・4年生）や5年生からの『英語』の教科化にしても、幼稚園から高校までのどの段階でどのような学びが必要か、附属学校ならではの長い教育期間においてそうした新しい教科や学習をいかに位置づけるか、といったことを大学と全附属校園で議論し合い、幼小中の一貫したカリキュラムをつくっていかねばならない」と話している。

盛一校長

## 毎年の教科教育研究の集大成である教育研究発表会

こうした大学と5校園との連携体制を基盤として、同校では日々、全教科で教育研究に励んでいる。その成果を発表する場が、毎年11月に実施される「教育研究発表会」だ。これは同校の全教科の研究内容を発表する年1回の機会で、毎年、金沢市内はもとより全国からの小学校教諭や大学教員、教育学部学生などが参観するという。同校では、年間を通じてこの発表会に向けたさまざまな準備が行われる。まず全体の教育テーマである全体論をもとに各教科部会での議論・検討を経て、教科論を作成、そしてそれに基づいた研究授業と研究会を重ねたうえで、その年の集大成として教育研究発表会を迎え

2017年度の研究発表会の様子（音楽科）

るという。

　ちなみに昨年度からの全体テーマは「よりよい未来を志向する子の育成」。このテーマに基づいた授業カリキュラムと研究発表授業の事例として、昨年度の音楽科における取り組みを紹介したい。音楽科担当の徳田典子先生によると「まず、音楽科における『より良い未来を志向する子』を『仲間との音楽的な活動の場で自分の思いやイメージを共有しながらよりよい表現を追い求め、自分の変容や音楽の価値に気づこうとする子』とイメージした」という。そのうえで「①音楽へのあこがれを持たせる工夫②イメージを言語化し多様な視点で考える工夫③自己の変容と音楽の価値に気づくための工夫」を盛り込みながら授業を組み立てていったそうだ。

　実際の授業内容としては、1年生の「わくわくキッチン」では①を重視して、日常生活の経験からイメージしやすい歌を教材に設定。「ハンバーグができあがっていく様子をあらわす『わくわくキッチン』の歌詞をもとに、グループごとにほかの料理のレシピにあてはめた替え歌をつくる授業を行った」という。また、5年生の「リズムアンサンブルをつくろう～トライアングルの音楽づくり～」では②を実践、音楽の仕組みや曲の構成などの条件を設定し、子どもたちから多様な表現を引き出したそうだ。

そして研究発表会当日は③に焦点を当てた「マリンバアンサンブルをつくろう～着信音の音楽づくり～」を5年生のクラスで実施。「生徒たちがグループごとに協力してマリンバのアンサンブルをつくって合奏し、まとめの表現としてタブレットで着信音の作品をつくるという内容にした。この授業については、子どもたちが衝突しあったり意見が食い違う場面もあったようだが、『共通目標に向かって力を合わせるうち、少しずつ協調していく姿が見られた』」という。

## 人間成長の場としての縦割りグループ活動

　つづいて、同校における異学年同士での共同活動や交流について見ていきたい。盛一校長によれば「本校では隣り合った複数のクラスで一緒に共同授業を行ったり、附属幼稚園生を交えた生活科授業を行ったりと、子どもたちがオープンな環境で学習する機会をなるべく多く設けるようにしている」という。

　実際、1年生から6年生の各学年の生徒たちが2名ずつ集まって1組となる「縦割りなかよしグループ」での活動も活発だ。縦割りグループの異学年同士で遊んだり、清掃を行ったり、運動会でチームを組んだりといった取り組みは広く全国的に見られるが、同校の場合は一緒にお弁当を食べたり、月1回の児童集会「かしわっ子集会」の際に縦割りグループでのディスカッションの時間を設けたりしているのがユニーク。そこでは「児童のつけている日記をもとに日々の生活から題材を選んでグループごとに話し合い、意見をまとめている」そうだ。こうした機会のおかげで、同校の縦割りグループは子どもたちがたがいに信頼感で結ばれ、「ひとつのファミリー」のようになっているという。また、盛一校長によると「高学年が縦割りグループで活動していると、しだいに『自己有用感』が生まれてくる」とのこと。「いうまでもなく子どもの個性は十人十色で、なかには引っ込み思案だったり率先して前に出たりしない子もいますが、そうした子でも縦割りグループでは年長者になればかならずリーダーを務めます。このことが、社会活動における自分の立ち位置や役割を意識するうえで重要な経験になるのです」と。同校の縦割りグループ活動は、まさに人間成長の場となっているのだ。

左上／かしわっ子集会での縦割りグループ活動　右上／校舎
左下／親子活動の様子（2年生、体操）　右下／かしわっ子集会の様子

## 保護者主導の取り組みと言葉を重視した伝統行事

親子で参加し、楽しめる行事が多いのも、同校の特徴のひとつだ。毎年の「親子活動」は、全学年各クラスごとに保護者主導で企画される。「その内容は近隣の自衛隊基地見学、和菓子工場見学&和菓子づくり体験、金箔はり体験、金沢大学見学、専門家講師を呼んでの科学実験ワークショップや漢方薬講座など多種多様。クラスごとだから、フットワーク軽く動くことができ、親も子も教師も毎回楽しんでいます」と。

1889年（明治22年）からつづいているという「藤棚おとぎ会」も、同校を代表する伝統行事として保護者に好評だ。これは毎年5月、藤の花咲き誇る時期に屋外の藤棚の下で行われる物語や詩の朗読会で、ほかのクラスの児童やたくさんの保護者たちが見守るなか、クラスごとに発表を行うという。「創作童話や歌などを交えるクラスもあり、児童は気持ちを言葉や音楽にのせて表現することの大切さを学ぶ」そうだ。

同校には、この「藤棚おとぎ会」のように言葉を大切にした取り組みが多い。3年生以上の全生徒が毎日つける日記「あゆみ」もそのひとつで、「平日は学校での学習の要点を上段に記し、下段にはその日心に残った出来事について記す。担任は毎日この日記に返事を書く」という。『あゆみ』による児童と教師の言葉のキャッチボールが1年間つづくなかで、担任は児童の考えや思い、性格などに触れ、日々の指導の参考にするわけです。もちろん児童の言葉による表現力や『書く力』はぐんぐん伸びていきます」と盛一校長。ちなみに低学年は「あゆみ」の前段階として、1年生は「あのね」、2年生は「あしあと」を好きなときに日を決めて書くという。

## 時代の変遷に合わせて柔軟に教育現場を変化

今後の展望として、同校では外国人学級の設置を検討中だ。昨今、金沢大学はスーパーグローバル大学創成支援事業の一環で留学生の受け入れが活発化し、市内には外国籍の住人も増えており、地域の公立小学校のなかには多いところで30人の外国人児童を受け入れている例もあるという。こうした状況にあって「本校の教育方針は『〜Make difference Make harmony〜(多様性の尊重 協調する力)』。国立附属校として率先してグローバル教育の舞台としての役割をはたしていきたい」と盛一校長は意気込む。今後は、金沢大学の国際学部などとも連携し、外国人学級実現を目指していくそうだ。

また、2020年の小学校での「プログラミング教育」必修化に向けた準備も着々と進んでいる。盛一校長によれば「当校の教育現場におけるICT導入を推進している福田晃先生が中心となり、各教科における『プログラミング的思考』について議論を重ねています」とのこと。よく誤解されがちだが、プログラミング教育はコンピュータ処理の技術を習得するためだけのものではなく、プログラミングを通して論理的思考力や創造性、問題解決能力などを育成することに意義がある。そこで、福田先生は「プログラミング的思考」の要点をまとめ、現在、それをいかに各教科のなかで養うかをそれぞれの教師とともに検討している」という。また幼稚園から小、中、高校に至る、シームレスなプログラミング教育のカリキュラム作成に向けた検討も進めている。

古くからの伝統的教育法を大切に守りながらも、時代の変化をいちはやく捉えた研究を行い、教育現場で実践する——。それが金沢大学人間社会学域学校教育学類附属小学校の変わらぬ姿勢なのだ。

藤棚おとぎ会

## DATA

**沿革**

1874 石川県集成学校附属小学校として創立
1875 石川県師範学校附属小学校発足
1905 初等教育研究会はじまる
1914 師範学校(男子)附属小学校と女子師範附属小学校に分離、男子部附属小学校は弥生へ移転
1949 男女両師範附属小学校を統合し、金沢大学石川県師範学校附属小学校となり、校章を「かしわ葉」とする
1950 第1回教育研究会を開催する
1951 金沢大学教育学部附属小学校に改称
1964 3・4年複式学級を設置する。併設の特殊学級が養護学校として独立する
1968 附属幼稚園独立園舎が完成し、小学校から分離する
1974 創立百周年記念式典を挙行し、『附属小学校百年史』を刊行する
1995 平和町へ新築統合移転、附属学校園舎完成記念式典を挙行する
2008 金沢大学人間社会学域学校教育学類附属小学校に改称

**教育理念**

〜Make difference Make harmony〜
(多様性の尊重 協調する力)

お互いの自由やちがいを認める 協力協調する力をつける
・共に学ぶ生涯学習の基盤づくり(智)
・豊かな人間性の醸成(徳)
・たくましく生きる心や体の育成(体)

**主な行事**

教育研究発表会、藤棚おとぎ会

石川県金沢市平和町1-1-15
☎076-226-2111
partner.ed.kanazawa-u.ac.jp/fusho/

編集部取材！

**注目の国立大学附属教育／大阪教育大学附属平野地区五校園** 大阪府大阪市

# 3歳から18歳までを包括する「五校園共同研究」に挑戦

4000人を超える学部学生が在籍し、西日本最大の教員養成大学として知られる大阪教育大学は、大阪府内に11の附属校園を擁している。そのうち、幼稚園から高校、特別支援学校までの5校園が平野地区に集中。ここでは全国的にも類を見ない「五校園共同研究」に取り組んでおり、3歳から18歳までの包括的な教育研究を進めている。

## 2018年度の共同研究テーマは「主体性の評価方法」

大阪市の南東部に位置する平野区は、大阪24区のなかでもっとも人口が多く住宅やオフィスが密集する地区である。そこにひときわ広大な敷地を有するのが大阪教育大学附属の平野地区五校園だ。地下鉄「平野駅」から徒歩8分ほどの場所に、幼稚園、小学校、中学校、高校の4校園が固まるように立地、そこから約1キロメートル南東に特別支援学校がある。この恵まれた環境を生かして、平野地区五校園は2010年度から共同研究に取り組んでいる。

左から附属平野小学校四辻伸吾副校長、附属高校平野校舎堀川理介副校長、附属平野中学校野中拓夫副校長、附属幼稚園小池美里副園長、附属特別支援学校長江京子副校長

「以前から幼・小・中や中・高など、連続する2〜3校園が共同研究を行うことはありましたが、さらに各校園間の連携を強化し、3歳から18歳までの連続する15年間を対象として先進的な教育研究を行うことを目的に『五校園共同研究』をスタートさせました。幼稚園から高校までの『縦の連携』と、小学部、中学部、高等部を有する特別支援学校との『横の連携』を高めることにより、『生涯発達的視点に基づく、校種間連携型一貫教育』の実現を目指しています」と堀川理介附属高校平野校舎副校長は話す。

しかし、当初はそれがなかなかうまく機能しなかったという。その理由のひとつには「共同研究のテーマ」と「各校園の研究テーマ」のズレが大きく、教員の負担が増大してしまったことがあげられる。

附属高校と附属中学校は校舎を共有している

「たとえば、2010年度からは3年計画で『〝ことば・体験・コミュニケーション〟で考える力を育てる保育・授業創り』をテーマに共同研究をスタートさせましたが、同時期の幼稚園の研究テーマは『かかわる力を育む〜個の伸びに着目して〜』というものでした。これらふたつのテーマには共通性が乏しいため、研究や勉強を効率的に行うことができず、教員に負担がかかり、モチベーションを低下させてしまう結果になりました」と小池美里附属幼稚園副園長。また、教科単位で研究を進めたことで、取り組みの中心が小中

高に偏り、5校園の連携の軸がうまく通らなかったときもあったそうだ。

「そもそも各校園の取り組みに対する理解がたがいに十分ではなく、スムーズな連携や協働ができていませんでした。こうした問題を解決するために、毎年、研究体制の見直しをはかり、5校園の教員間のネットワークを強化し、今では大学との連携体制も整っています。テーマについては『教科色』を前面には出さず、公立校に成果が還元されやすい、汎用的な課題を設定するようにしました」と野中拓夫附属平野中学校副校長は話す。

2018年度からは「一人ひとりの多様な可能性を広げる評価のあり方〜主体性を育むための教育目標及び評価指標の作成と活用をめざして〜」を研究テーマに掲げ、発達段階の異なる子どもたちの「主体性」をどう評価し、どう育てていくかの研究に取り組みはじめた。いったい「主体性」とは何か、という根源的な問いからはじめ、最終的には15年間の教育期間を通じて、ひとつの尺度で主体性を評価する方法を提案していくという。ちなみに、今回は各校園の研究テーマを「評価」や「主体性」に関することに設定しており、教員の負担は大幅に軽減されたそうだ。

## ボトムアップ型の研究体制を確立 全教員で研究集会開催

全教員参加の共同研究集会

では、実際の研究体制はどのようなものなのか。

「まず、ボトムアップ型の体制を目指して、各校園に研究を主導する研究部を設けています。各校園の研究との関連については、研究部や職員会議などで随時話し合われます。そして、各校園の研究主任1〜2名が隔月程度で集まり、『共同研究部会』を開催、そこで各校園の教員から上がった意見や研究の進捗などが共有されます。そのうえで、各校園の正副校園長、研究主任、主幹教諭のほか、大学からの助言者3名、保護者組織の五校園連合会の代表が出席する『共同研究協議会』を年3回開き、そこで話し合われた内容を各研究部にフィードバックしています」と堀川附属高校平野校舎副校長は話す。

さらに、各校園の主幹教諭が集まる「主幹教諭部会」を年数回開くほか、5校園の全教員約100名が参加する「共同研究集会」「教科・領域部会」も年3回ずつ開催。全教員がそれこそ「主体的」にかかわることによって、課題を共有しながら研究を深化させているという。

## 日常的に5校園の生徒が交流

もちろん、共同研究以外でもさまざまな連携を行っており、校園の垣根を越えて子ども同士が交流する機会も多く設けている。

「たとえば、中高生のクリスマスコンサートに特別支援学校や幼稚園の子どもを招いたり、特別支援学校高等部の生徒と幼稚園児が一緒にサツマイモを育てたりしています。特別支援学校の生徒が芋の苗植えや芋掘りの仕方を園児に教えるなかで、自分の学んだことを人に伝える経験を通し、コミュニケーション力や自己肯定感を高めることができます。また、園児にとっては年齢の異なる多様な人とかかわることで、憧れの気持ちを持ったり、自己表現する力が養われたりします」と長江京子附属特別支援学校副校長は話す。

5校園の子ども交流

また、幼稚園と中学・高校の敷地が隣接しているため、避難訓練を一緒に行ったり、昼休みに園児と遊ぶ生徒もいたりするそうだ。園児のなかには「自分も大きくなったら、お兄さん、お姉さんのように幼稚園の子どもを助けてあげたい」という子もいて、保護者からも子どもの成長を喜ぶ声が聞かれるという。

教育実習においても連携をはかっており、実習期間中に他校種の教育活動を参観する日を半日設けている。それにより、幼稚園の教員志望で訪れた学生のなかには、特別支援学校の生徒に触れたことで心を動かされ、志望を変更した学生もいるという。

「2013年からは、附属小学校教員が中心となり、毎年夏に『OpenCafe』という若手教員や教員志望学生向けの相談会を実施しています。教育現場での悩みや指導法などについて、幅広く相談にのっていたのですが、その取り組みが大阪市の教育委員会に評価され、2017年度からは平野区の小学校教員の2年次研修として位置づけていただきました。附属平野小学校教員が講師となり、公開授業や講習会を行い、若手教員や教員志望学生を中心とした参加者約100名に対して、本校の教育活動を伝えています」と四辻伸吾附属平野小学校副校長は話す。

## 「平野五校園連合会」が舵をとり振興会・後援会も連携

教育現場だけでなく、保護者組織同士が連携しているのも平野地区五校園の特徴だ。各校園にはPTAのほか、教育振興会または教育後援会が存在するが、その振興会・後援会が協力して「平野五校園連合会」を組織しているという。そして、この連合会では経費の取り扱いや地域行事の取り組み方など、「平野標準」という振興会・後援会の運営における基準を設け、5つある振興会・後援会の足並みを揃えて5校園をサポートしている。

その一環として、連合会が旗振り役を務めて2017年度から開催されているのが「イザ！カエルキャラバンin附属平野」という5校園協働防災イベントだ。「さまざまな防災イベントをプロデュースするNPO法人プラス・アーツの協力を得て、若い方にも参加してもらえるような催しを目指しました。不要なおもちゃを参加者から集め、さまざまな防災プログラムを体験することでポイントがたまり、そのポイントを使っておもちゃと交換できるという仕組みを採用。プログラムは『水消火器で的当てゲーム』『毛布で担架タイムトライアル』など楽しみながらできるものばかりで、ほかにも高校生グループによる防災研究の発表や段ボールでベッドをつくるという体験プログラムなども行い、900人ほどの参加者が集まりました。今後、徐々に生徒主体のイベントに移行していきたいと思います」と小池附属幼稚園副園長は話す。

「イザ! カエルキャラバンin附属平野」の様子

## 公立校への普及を目指して、各校園で進む先進的な研究

このように5校園が連携してさまざまな先進的な取り組みを行っているが、それぞれの校園ごとに特徴のある教育実践が行われているので、最後に簡単に紹介しておきたい。

○幼稚園……1948年度から、保護者の手づくり給食を実施。調理法のほか「食の安全と衛生」などについて保護者が食に関する知識を広げる機会となっている。調理には園児も参加し、2014年度には「食育研究会」を発足し、食育に関する成果を地域へ発信。

また、「本物の教育」を目指し、大学教員の専門性を生かした授業も展開。たとえば、科学を専門とする教授を招き、科学実験を開催。園児の学びへの好奇心を育んでいる。

○小学校……2016年度から4年間の文部科学省研究開発学校の指定を受け「未来そうぞう科」の研究を実施。従来の「総合的な学習の時間」「生活科」「特別活動」を統合し、「自分自身」「集団・人間関係」「社会・自然」の視点から探求する総合的なカリキュラムの開発に取り組んでいる。たとえば、6年生の授業では「ありがとう附属平野小学校」と題して、6年生がみずから考えた授業を1〜5年の各学級で行う取り組みを実施した。これまでの小学校生活を振り返り、1〜5年生に自分たちの学びを伝えることができるほか、仲間と協力して物事を最後までやりぬく力が磨かれるという。

また、外部人材を招いての特別授業や「Apple社」や学校教育用の理科実験教材の開発提案を行う「ケニス社」などとの企業連携なども行い、さまざまな方向から「未来そうぞう科」の可能性を研究している。

○中学校……教育実習に力を入れており、全国的にもめずらしく、実習生が保護者と語り合う機会を設けている。保護者がどういう先生を求めているのかを実習生に肌で感じてもらい、教員になる覚悟をあらたにしてもらうのがねらい。

　また、2018年度から各教科の授業でよく使われる用語の意味を、教科ごとにA4用紙1枚にまとめた用語集『附属平野中学校版グロッサリー』を作成し生徒に配布。生徒の授業理解に役立てている。

○高校……2015年には文部科学省・スーパーグローバルハイスクール（SGH）に認定され、生徒全員がグローバルな社会課題について課題研究に取り組んでいる。そのため、2年生は全員がタイ・バンコクを訪問し、研究テーマに応じた施設の視察や協定校の生徒との討議などを展開。また、カンボジアでは現地NPO法人などと一緒に活動したり、研究の成果を発表したりする機会も設けられている。

タイの協定校「トリアムウドムスクサ高校」との生徒交流

　一方、これらの実践で蓄積した「課題研究の指導法」や大阪教育大学アセスメントグループと共同開発する「グローバル人材に必要な資質能力の評価法」を「平野メソッド」として集約、全国の学校への普及を目指している。

○特別支援学校………2016年度から「Art & Science～科学的根拠に基づいた魅力ある教育実践～」を研究テーマに掲げ、「A：授業実践の成果」「B：インクルーシブ教育の推進」「C：実習生の育成」の3つの分野で、5つのグループに分かれて大阪教育大学の教授と連携し、実践研究を進めている。たとえばAのグループでは、表情瞬目分析ソフトを活用し、子どもにとって集中しやすい教材の選定や集中度の客観的な評価法の検討を行っているという。
　Bの研究チームは、2017年度に文部科学省研究委託事業に採択され、附属平野中学校と中等部の交流および共同学習の活動成果を報告書にまとめ、全国の特別支援学校に発信した。

　また、特別支援学校高等部では、就学奨励費ICT機器購入補助金を活用し、全員がタブレット端末を各家庭で購入。それをさまざまな授業で多用に使用したり、宿題の提出などで活用したりしている。

## DATA

### 沿革

| | |
|---|---|
| 1892 | 幼稚園が大阪府尋常師範学校（北区中之島常安町）構内に開園 |
| 1900 | 小学校が大阪府女子師範学校附属小学校として、大阪市南区天王寺北山および小宮に開校 |
| 1927 | 幼稚園・小学校が平野地区へ移転 |
| 1947 | 中学校が大阪第一師範学校女子部附属中学校として開校 |
| 1966 | 特別支援学校が大阪学芸大学附属養護学校として現在地に開校 |
| 1972 | 高校が中学校の敷地に開校 |
| 1992 | 中学校が文部省研究開発学校に指定に指定「選択履修の新しい試みJOIN」 |
| 2015 | 高校が文部科学省・スーパーグローバルハイスクールに指定 |
| 2016 | 小学校が文部科学省研究開発校に指定 |
| 2017 | 特別支援学校が文部科学省研究委託事業「学校における交流及び共同学習を通じた障害者理解の推進事業」を受託 |

### 教育理念

［幼稚園］「すこやかにあたたく遊びに生きる子ども」の育成
［小学校］「ひとりで考え　ひとと考え　最後までやりぬく子」を育てる
［中学校］「『考え』『確かめ』『発動する』力を育む授業づくり」
［高校］「多面的に“いのち”を考えるグローバル・リーダーの育成」
［特別支援学校］「明るく健康で意欲的・仲間とともに活動できる・自分で考え行動できる子ども」

### 主な行事

［幼稚園］宿泊保育、子ども展覧会、すもう会
［小学校］自然教室、臨海学舎、修学旅行
［中学校］林間学舎、修学旅行、臨海学舎
［高校］海外語学研修、修学旅行、文化祭
［特別支援学校］臨海学舎、林間学舎

［幼稚園］
大阪市平野区流町2-1-79 ☎06-6709-9400
www.fuzoku-k.oku.ed.jp/
［小学校］
大阪市平野区流町1-6-41 ☎06-6709-1230
osaka-kyoiku-hirasho.org/
［中学校・高校］
大阪市平野区流町2-1-24
☎06-6709-9600（中） www.hirano-j.oku.ed.jp/
☎06-6707-5800（高） hirano-h.cc.osaka-kyoiku.ac.jp/
［特別支援学校］
大阪市平野区喜連4-8-71 ☎06-6708-2580
www.fuzoku-se.oku.ed.jp/

注目の国立大学附属教育／島根大学教育学部附属学校園　島根県松江市

編集部取材！

# 学習生活支援研究センターと「住みたいまちプロジェクト」で地域貢献に取り組む

島根大学教育学部附属学校園は、附属中学校、附属小学校、附属幼稚園、学習生活支援研究センターからなり、全国で初めて学習生活支援研究センターを設置した附属学校園として話題に。
このセンターこそ、幼小中一貫教育のシンクタンク、幼小、小中の「接続期」の研究やサポートにおけるトップランナーだ。また附属中学校では、生徒たちが「住みたいまちプロジェクト」を通して地域の課題と向き合い、地域の魅力を体感的に学んでいるという。その先進的な取り組みについて紹介したい。

附属中学校の校舎

## 学習生活支援研究センターが接続期の課題を解消

島根大学教育学部附属学校園は附属中学校、附属小学校、附属幼稚園、学習生活支援研究センターによって構成されており、2008年より幼小中一貫教育に取り組んでいる。

初のセンター設立に踏み切った背景には「接続期の難しさがあったからだ」と齋藤英明附属学校園校長は明かす。「従来は学校園がそれぞれ自分たちの課題を見出し、その解決に向けた研究と実践に取り組んできましたが、それだけでは幼稚園から小学校、小学校から中学校に進学する際の小一プロブレム、中一ギャップと一般的にいわれる『接続期』に、子どもたちにさまざまな困り感が生じることがありました。そこで、幼小中一貫教育を進めるうえで、附属学校園合同集会や交流活動などを通して、園児、児童、生徒の交流を進めていきました」と齋藤附属学校園校長。また、教員の連携については「保育・教科部会で縦のつながりを意識した保育・授業づくりに取り組んできました。そして、教員たちがそれぞれの教育現場や園児、児童、生徒の様子を体感的に知ることを目指し、学校園内で教員交流などを実施したり、月1回の合同職員会を開くなど、子どもの情報共有をはかる仕組みも整えました」と。しかし、学校園内での教員交流に関しては「それぞれの校園の様子や文化を理解したり、子どもへの理解を深めたりする良い機会にはなったものの、結果的に教員にかかる負担が大きくなってしまい、徐々にその規模を縮小していくことになった」という。

附属幼稚園は附属中学校と附属小学校に挟まれて隣接している

附属学校園のすべての子どもたちによる合同集会

また、教育体系の区分に関しても試行錯誤があった。「一貫教育を目指した当初は、自立への基礎づくりをする初等部前期ブロック（年少・4歳児から小学2年生）、集団の力を伸ばす初等部後期ブロック（小学3年生から小学5年生）、自己実現を目指す中等部ブロック（小学6年生から中学3年生）という区分けをしていましたが、校舎そのものが従来の区分けになっていることなどがネックとなり、この区分の機能を十分に生かすことができませんでした。また、小学校と中学校で生活リズムの統一をはかり、小学校の昼休みを5分短縮したのですが、それぞれの学年や発達段階に対応できないこともありました」と齋藤附属学校園校長は話す。

左から附属小学校の小林副校長、附属中学校の成相副校長、附属学校園の齋藤校長、附属幼稚園の太田副園長、学習生活支援研究センターの宮崎主任

　こうした課題を受けて、同学校園は「一貫教育のなかで共有するところは共有し、分けるところは分ける」という方針に転換。教育区分を従来のスタイルに戻すとともに、それらの解決のために全国で初めて学習生活支援研究センターを設立した。そのねらいは通常学級に在籍するすべての児童・生徒（発達障害の可能性のある児童・生徒を含む）の学習や生活上の「困難さ」「つまずき」「願い」などを明らかにし、学習や生活における有効な支援や指導方法を研究開発していくことだ。「センターの教員たちが学校園内に常駐し、児童・生徒の授業への取り組みの様子や日常生活を観察して、それぞれの『強み』や『弱み』を担当者と情報共有するとともに、『強み』を学習や生活に生かせるように児童・生徒や保護者と一緒に考えています」と同センターの宮﨑紀雅主任（大学院教育学研究科教職実践開発専攻准教授）は話す。

　このセンターがはたす役割は大きい。とくに接続期においては「センターが園児一人ひとりの強みや良さを小学校の先生方に伝えてくれるので、幼稚園としても安心して小学校に送り出すことができるようになりました。またセンターとは入学後に必要な学習に向かうための基礎となる体づくりにも一緒になって取り組んでいます」と太田泉附属幼稚園副園長は話す。また、小林敏朗附属小学校副校長も「入学する前に、あらかじめセンターから園児たちへの効果的なかかわりなどを教えてもらえるので、小学校の教員も安心して園児を受け入れることができています。また、その後も日常的にセンターの教員がサポートしてくれるので、中学校への進学を踏まえ、児童一人ひとりの個性に応じたかかわりや指導方法を意識した学級経営ができるようになりました」とその有用性を強調。さらに「中学校になると思春期特有の葛藤やあらたな人間関係に悩む生徒もあらわれます。そういったときも、どの生徒がどんなことに困っているか、そしてどのような声掛けをするのが効果的かといったことまでアドバイスしてもらえるので、非常に心強く感じています」と成相僚一附属中学校副校長は話す。まさに学習生活支援研究センターがハブとなることで、同学校園の幼小中一貫教育は機能しているのだ。

　そのほかにも、同学校園には幼小中間の連携に関するユニークな取り組みがある。たとえば幼稚園と小学校では、幼稚園年長児と小学校1年生が年間を通じて一緒に園庭や校庭で遊んだり、季節の草花などを見つけに出かける「わいわいランド」を実施したりしている。また、小学校と中学校では一部の教科で授業交流を行ったり、小学6年生の進学時の不安を解消するために中学1年生の授業を見学する機会を設けたりしているという。

　なお、学習生活支援研究センターの活動については学校園内だけに留まらず、行政機関や各学校園が開催する特別支援教育の研究会での講演活動のほか、幼

公立小学校での学びのユニバーサルデザイン研修会

岡田先生は理科と社会をミックスさせた教科横断的な授業づくりにも取り組んでいる。「たとえば原子力発電所について社会と理科の両面から学ぶことで、生徒たちは原発の仕組みだけでなく、社会における原子力発電の役割やリスクをより身近に捉えることができるようになるのです」と話す

児・児童・生徒理解や学級経営についての出張コンサルティングも実施しているとのこと。幼小中一貫教育のシンクタンクといっても過言ではない。

## 附属中学校の生徒たちが、地域や社会と真剣に向き合う

もちろん、同学校園では地域との連携にも積極的に取り組んでいる。それがもっともよくあらわれているのが、附属中学校の総合的な学習の時間で実施されている「住みたいまちプロジェクト~ふるさとの明日を創ろう」だ。「現代社会は人口減、高齢化など、さまざまな課題に直面しており、これからの子どもたちはこの難問に立ち向かっていかなければなりません。そこで、本校では島根県を『日本の地域課題の最先端』の地であると捉え、生徒たちに地域の課題を知り、それらを解決するための方法を考え、実践してもらうことで、あらためて地域の魅力を感じ取ってほしいと考えたのです」と齋藤附属学校園校長は話す。

このプロジェクトの主な流れは、1年生が「社会を知る」(追求型)をテーマに高齢者福祉を体験し、2年生は「社会に関わる」(選択型)をテーマに職場体験を行い、3年生は「他と共に社会に参画する」(発信型)というテーマで社会参画を体験するというものだ。全体的に生徒たちの主体性を重んじた内容になっているが、とくに2年生以降の活動はかなりの部分が生徒たちに委ねられている。実際、職場体験やフィールドワークに関しては「グループごとに体験先の選定やインタビュー内容の検討、そしてアポ取りまでやってもらうようにしています。もちろん、当初は多くの生徒たちが戸惑いますが、そうやってみずから試行錯誤しながら意思決定していくことで、主体的に学ぶ姿勢や課題発見力、コミュニケーション力を身につけることができるのです」と成相附属中学校副校長は話す。

とりわけ生徒たちの力が入るのは、プロジェクトの集大成となる3年次の活動だ。「3年生の活動主旨は自分の強みを生かして、社会参画活動を行うことにあります。そこでは『環境』『生活』『観光』『教育』『福祉』『ものづくり』という6つのカテゴリーのなかから自分の強みを生かせるものを選択してもらい、それらのグループごとに自分たちができることを考え、それを実現するために自主的に動いてもらっています」と、このプロジェクトを推進してきた岡田昭彦教諭は話す。たとえば、生活グループでは「商店街の落書き消し隊」を結成して市内の商店街の清掃活動を実施したり、観光グループでは「外国からの観光客にも優しいまち」というテーマで観光地の説明やバスの乗り方などを英語で表記したパンフレットを作成・配布したり、観光PR動画を制作したりしてきたという。

もちろん、それらはいずれも社会とかかわりのある活動になるため、生徒たちはみずから松江市や地域住民と相談しながら事を進めていくことになる。そのため「学校側としては保護者や地域の方々にこのプロ

「生活」のカテゴリーでの活動。商店街の落書き消しの活動を通して、その成果や地域の課題を発表した

ジェクトの主旨を伝えて徐々に支援体制を整え、生徒たちがプロジェクトをスムーズに進めていけるようにサポートしています」と。そして「教員たちも生徒に負けじと地域のことを学んだ結果、生徒たちに適切なアドバイスなどができるようになりました」と岡田教諭は話す。おかげで今では多くの生徒たちが、このプロジェクトの発表会が開催される10月下旬を目指し、夏休みなどを有効活用しながら自主的に伸び伸びとこの活動に取り組んでいるという。

こうした努力が実を結び、多くの生徒たちが地域のことを知り、愛着を抱くようになったようだ。事実、このプロジェクトを開始する前後でアンケートをとったところ、「島根に住みたいか」という問いに「はい」と回答した生徒の割合が46%から67%にまで増加したという。また、それは当事者意識の育成にも役立っているようで、なんと附属中学校では昨年度、40人もの生徒たちが生徒会選挙に立候補したという。しかも選挙そのものも本格的で、選挙で使用する投票箱などの道具を市の選挙管理委員会から貸し出してもらっているほか、投票用紙に候補者の写真を加えてわかりやすくするなど、自主的に独自の工夫も加えているそうだ。

「学習生活支援研究センターの子ども支援体制と地域課題を解決するための学習プログラムは、子どもたちにとっても地域にとってもさまざまなメリットがあると自負しています。これからも『地域に必要とされる学校園』を目指し、積極的に教育研究と地域への情報発信に努めていきたいと思います」と話す齋藤附属学校園校長。同学校園は2019年4月より義務教育学校に移行するとのことなので、これからもあらたな教育スタイルを見出し、さらに進化を遂げていくに違いない。

「ものづくり」のカテゴリーでの活動。特産品のシジミの貝殻を再利用した「しじみストラップ」を制作した

## DATA

**沿革**

| | |
|---|---|
| 1875 | 小学校が教員伝習校の附属小学校として開校 |
| 1885 | 幼稚園が幼稚保育場として開園 |
| 1928 | 幼稚保育場が折りつる幼稚園として開園 |
| 1947 | 中学校が島根師範学校男子部附属中学校として開校 |
| 1951 | 小学校と中学校が島根大学教育学部附属小学校、同附属中学校と改称 |
| 1955 | 幼稚園が島根大学教育学部附属幼稚園となる |
| 1963 | 幼稚園が松江市大輪町に新園舎新築し移転 |
| 1971 | 小学校と中学校が松江市菅田町に新校舎新築移転 |
| 2008 | 第1回幼小中一貫教育研究発表協議会を開催 |
| 2015 | 特別支援学級閉級 |
| 2015 | 学校園に学習生活支援研究センターを設置 |
| 2016 | 島根県教委育委員会の初任者研修を行う |

**教育理念**

新しい時代を切り拓き、社会に貢献しようとする子ども
豊かな感性を育み、創造的に探究し続ける子ども
人とのかかわりを大切にし、共に伸びていく子ども

**主な行事**

[幼稚園]運動会、子どもまつりなど
[小学校]スマイル活動、体育会など
[中学校]修学旅行、校内音楽会など

[幼稚園]
島根県松江市大輪町416-4 ☎0852-29-1120
[小学校]
島根県松江市大輪町416-4 ☎0852-29-1200
[中学校]
島根県松江市菅田町167-1 ☎0852-29-1300
[学習生活支援研究センター]
島根県松江市菅田町167-1 ☎0852-29-1314
www.shimane-fuzoku.ed.jp/

編集部取材！

注目の国立大学附属教育／大分大学教育学部附属小学校 大分県大分市

# 「教員の働き方改革」で重点課題の外国語教育に注力

今年、創立136年を迎えた大分大学教育学部附属小学校は、伝統に甘んじることなく、母体である教育学部と大分県教育委員会の後押しを受けて先進的な取り組みをつぎつぎと打ち出し、大分県下のモデルスクールを目指している。この改革の勢いは「グローバル人材の育成」や「教職員の働き方改革」にもおよび、「学校経営」という視点からも教育関係者から熱い視線を浴びている。

## 全学年で外国語教育を実施、グローバル人材の育成が目標

2020年度から実施される新小学校学習指導要領において、大きな改定ポイントのひとつが外国語教育の前倒しだ。現在、5〜6年生で必修とされている「外国語活動」が「外国語科」に格上げされ、あらたに3〜4年生で「外国語活動」が必修となる。文部科学省は2018〜2019年度を移行期間と定め、目下、各校が準備を進めているが、大分大学教育学部附属小学校では、2014年度からいちはやく全学年で外国語教育を行っている。

2015年度から外国語活動を担当する秦潤一郎教諭は「1〜2年生は週3回、昼休み終了後に簡単な英語でのコミュニケーションをはかる15分間の短時間学習（モジュール学習）を教育課程外で行い、3〜4年生は週1コマの授業とモジュール学習を合わせて年間35時間、外国語活動の時間を確保。5〜6年生は、モジュール学習で35時間、それに加えて週1コマ45分を割り当て、年間70時間、英語に親しみながら、コミュニケーション能力を伸ばしています」という。

実施当初は英語の指導に不安を覚える教員も少なくなかったそうだが、「文部科学省の外国語教科調査官の直山木綿子先生のほか、大分県グローバル人材育成推進会議委員のメンバーのひとりで、英語講師や通訳としても活躍されている池田裕佳子先生など、民間の専門家からもアドバイスをもらい、全教員が英語指導の特訓をしました。発音方法からカリキュラムにいたるまで、さまざまなご指摘をいただきながら改善に取り組んだことで、2年目以降、多くの教員が自信をもって指導できるようになりました」と教員が校内での研修を通じてスキルアップしていったプロセスを説明する。

河野校長

河野雄二校長によると、現在、外国語活動の授業を主導するリーダー教員を3名任命。その教員が各担任と連携しながら、授業内容を考えている。「テンポ良く授業が進み、子どもたちが楽しみながら英語力を伸ばせるように工夫しています。そのため、『オールイングリッシュ』にはこだわらず、日本語やジェスチャーを交えながら、子どもたちが進んでコミュニケーションをはかろうとする授業を心がけています」という。

また、同校では「将来のグローバルリーダーの育成」を目指し、たんに英語の「読み・書き」の力を伸ばすだけでなく、授業以外でも英語をコミュニケーションツールとして使いこなす

大分市王子新町にある校舎

感覚を磨くための取り組みを行っている。たとえば、6年生の修学旅行もそのひとつ。数人のグループに分かれ、長崎大学の留学生とともに長崎の観光地を巡るというものだが、留学生との会話を通じて生きた英語に触れられるだけでなく、英語を駆使して初対面の相手とコミュニケーションをはかろうとする積極性が高められるという。

さらに、同校では週に数回、朝に10分程度の時間を使って行う「フリートーク」にも力を入れている。これは、山口大学教育学部附属山口小学校の先進事例から学んだもので、児童がもちまわりで、ひとつのテーマについてクラスメイトの前で自由に話すというもの。テーマは児童自身が決め、たとえば、低学年であれば、「りんごとバナナどっちが好きか」などといった素朴なものが多いが、高学年になると『生きる』とはどういうことか」といった具合に哲学的なものが飛び出したり、英語を使ったフリートークに取り組んだりすることもある。研究を含めた指導部門を統括する山田眞由美指導教諭は「多様な見方や考え方に触れるとともに、相手の言葉に耳を傾け、気持ちに寄り添う力が育まれます」とその効果を説明する。

## 児童の自信と積極性を養う「褒め言葉のシャワー」

こうした取り組みを補完・強化し、児童たちの自信と積極性を養う取り組みも実施している。帰りの会の時間に実施される「褒め言葉のシャワー」がそれだ。これは教育者の菊池省三氏が提唱する実践で、対象の児童の美点をクラスメイト全員が順に褒めていくというもの。「簡単そうに聞こえますが、実は褒めるというのはなかなか難しい。その子のいいところを授業中や休み時間など、ずっと見ていなければいけません。褒められた子は『自分では気づかないことを褒めてもらえた』とクラスメイトへの仲間意識を強くするだけでなく、自己有用感が満たされて自信がつき、授業でも積極的に発言するようになります」と河野校長はいう。導入前と比べ、コミュニケーションに大きな影響を与える「自己他者肯定感」を計るテストで、10%ほど「自己肯定・他者肯定」の割合が増えているそうだ。

みずからの学級でも先導的に「褒め言葉のシャワー」を実践する築城幸司研究主任は「小学校はチームワークや社会性、助け合う人間関係をどうやってつくるかをたくさん勉強する時期だと思います。幼稚園では遊びからそれらを培いますが、小学校では宿泊体験や掃除など、仲間とのさまざまな活動を通じて学んでいきます。自分を鍛えながら、友だちを認め、ともに高め合っていくことが大切だということを教えていきたいです」と、この取り組みの展望を語る。

同校は今年度からあらたに「未来へ向かって高い志を持ち、人や社会と豊かにかかわり、自己を磨き高め合う子どもの育成」という学校教育目標を掲げた。コミュニケーション能力と共感力を育成し、国際舞台で活躍できる人材の基礎教育にいっそう力を入れていく構えだ。

## 児童の自主性を育むプラスアルファそうじ

こうしたユニークな取り組みを数多く行う同校だが、伝統校らしく「あいさつ」「そうじ」「はきものそろえ」も徹底している。そのねらいについて、河野校長とともに一連の改革を推進する時松哲也教頭は「基本的なことをきちんとやれるようになることが何よりも大切。それが学習の基盤と

左／「聞く力」と「聴く心」を育てるフリートーク　右上／外国語活動では教師手製の教材を活用　右下／そうじは毎朝、縦割り班で行う

なります。とくに掃除は、仲間と共同作業で最後までやり抜く力が鍛えられます」と、その徹底が学校生活の下支えになる点を強調する。

掃除は毎朝、縦割り班で実施。物事へ集中する力を養うために、掃除中は「無言」が原則だが、高学年が低学年の子に作業を教えるなど、チームワークの重要性を学ぶ機会にもなっている。「共感的な人間関係をつくる力がなければ、外国語教育も効果が薄れてしまいます。なぜなら、相手を思いやることが、言語を含めたあらゆるコミュニケーションの基本だからです」と。そして、掃除の時間の最後には「プラスアルファそうじ」として、児童が気になったところを自由に掃除する時間を設定。「柱の陰や窓枠のサッシなど、目の届かないところを自主的にやる子が増えてきている」と時松教頭はいう。

「あいさつもここ数年で、見違えるほど改善された点のひとつです。『ワンストップあいさつ』をスローガンにして全校児童に呼びかけたところ、立ち止まっておじぎをしながら『おはようございます』といってくれる児童が増えました。さらに、地域の方はもちろん、来賓者に対しても、車のなかまで聞こえるぐらい大きな声であいさつできるようになりました」と河野校長は胸を張る。

## 50以上の項目で教員の業務をスリム化

外国語教育と並んで、ここ数年、同校が推進してきたのが、教員の多忙化改善である。「公立学校にも増して附属学校の教員は業務が多く、忙しい。以前は深夜までの長時間勤務も珍しくなく、土日出勤も多かった。外国語教育などの重点課題に注力するためにも、教員の負荷を減らし、キャパシティを確保することが急務でした」と管理部門を統括する首藤一郎主幹教諭は話す。

国が「働き方改革」をうたう以前の2014年から、同校では「スクラップ&スリム」を合言葉に、全教員一丸となって業務の効率化、合理化に着手。その項目は「7時前の出勤および19時以降の残業禁止」「自作テストから業者テストへの切り替え」「手書き通知表の電子化」「3年生以上の家庭訪問を三者面談に変更」「宿泊体験学習の期間短縮」など50を超えるという。山田指導教諭は「以前は担任による日記添削も毎日行っていましたが、1クラス35人分の日記を読んでそのすべてにコメントを書き添えるとなると、昼休みも潰れてしまう。国語科の作文指導だけでも十分な学習効果があると判断して、日記添削は廃止しました。ただし、日記を通じて児童とコミュニケーションがはかられていたという側面もあるので、各担任には直接児童と話したり、遊んだりする時間を増やしてもらったほか、いじめ調査のアンケートを実施するなど、児童の声が失われないようにしました」と話す。

また、昨今は保護者への対応も教育現場では大きな課題となっているが、同校では保護者に教員個人の携帯番号を教えることを禁止。原則、8時から19時の間だけ学校電話で相談を受けつけることにし、緊急連絡の場合は、専用電話にかけてもらうことを保護者に納得してもらったという。

## 全体の職員会議を廃止 若手教員の時間確保を優先

さらに組織体制にもメスを入れた。「全教員参加の職員会議を廃止し、校長、教頭、主幹教諭、指導教諭が毎日、経営会議を行うことで重要方針をスピーディーに決定する体制を整え、緊急の案件にも即座に対応できるようにしました。一方で学年主任にミドルリーダーとしての役割を担ってもらい、各担任や若手教員の意見を吸い上げてもらうことにしました。現場の意見はミドルリーダーを通して経営陣に伝えられ、経営会議で検討されるという仕組みです」と河野校長は説明する。

こうした改革が実を結び、「教員の学校運営への参画意識が非常に高まり、校長の私だけでなく、どの教員も各取り組みの意義やねらいを語れるようになりました。また、業務に対しても優先順位をつけて、能率的にこなすようになりました」と河野校長。なかには「以前よりも負担が7割減った。学校が重点課題に掲げる取り組みや授業の準備に集中できるようになった」と話す教員もいるとのこと。もちろん、教育成果もあらわれており、改革前は全国学力調査（国語＋算数、B問題）の結果が国立附属小学校の全国平均を下回っていたが、改革翌年には平均を超え、以来、4年連続で成績が伸びつづけているという。

さらに給食残食率は、約半分に減少。「教員に余裕が生まれ、児童一人ひとりの給食にまで目が届くようになったということです。改革当初は、保護者の方々から批判の声もあがりましたが、実際に成果があらわれてくると、好意的な意見が多くなりました。今ではPTAも学校の方針と同じように前例踏襲をやめ、既存の委員会を廃止したり、逆に必要な制度をつくったりと、効率化を進めています」とのこと。また「現在、こうしたさまざまな取り組みをはじめてから4年が経ちますが、校長の私が変わっても継続してもらいたい。同時に、公立学校に異動する先生方には、この学校で体験した取り組みを、移動先の学校でも実践して広めてほしいと思います」とも。

大分県のモデルスクールとしての研究だけでなく、教員の働き方、学校組織のあり方でも斬新な試みをつづける大分大学教育学部附属小学校。学校運営の改革のさまざまなヒントがここにありそうだ。

## DATA

**沿革**

| | |
|---|---|
| 1883 | 大分県師範学校内に附属小学校を創立 |
| 1898 | 師範学校の移転とともに春日浦に校舎移転 |
| 1941 | 附属小学校を附属国民学校と改称 |
| 1945 | 空襲によって校舎全焼 |
| 1947 | 旧制附属小学校を廃し、大分市と3カ月の契約を結んで南大分小学校を附属小学校（学区あり）とする |
| 1949 | 駐留軍跡に附属小学校を開設、給食開始 |
| 1951 | 新制大学大分大学の発足にともない、大分大学学芸学部附属小学校となる |
| 1962 | 新校舎竣工 |
| 1966 | 学部の改称にともない、大分大学教育学部附属小学校となる |
| 1979 | 研究機関誌『教育実践』創刊 |
| 1998 | NHK音楽コンクール金賞受賞（以後、99年、2000年と連続で金賞受賞） |
| 1999 | 学部改称にともない、大分大学教育福祉科学部附属小学校に改称 |
| 2012 | 130周年記念式典、はばたきフェスタ、130周年記念歌声発表会、記念講演を開催 |
| 2016 | 学部改称にともない、大分大学教育学部附属小学校に改称 |

**教育理念**

未来へ向かって高い志を持ち、人や社会と豊かにかかわり、自己を磨き高め合う子どもの育成

**主な行事**

教育合宿、大運動会、歌声発表会、外国語セミナー

大分県大分市王子新町1-1
☎097-543-6732
kitchom.ed.oita-u.ac.jp/fusyo/

研究事例／北海道教育大学附属函館中学校　北海道函館市

# 「市民性」を支え、学習の基盤となる「情報活用能力」の教科等横断的な育成

数年前からタブレット端末の一人一台環境を整備するなど、積極的なICT活用を進めてきた北海道教育大学附属函館中学校。現在はたんにICTを授業などで活用するだけでなく、「情報活用能力」の育成を通して、すべての学習の基盤となる資質・能力の向上を目指している。

## 一人一台のICT環境における教育の展開

北海道教育大学附属函館中学校は、ICTを活用した先進的な教育を実践している。まず、2013年4月に370台のタブレット端末を導入し、生徒ひとりに1台の端末を貸与し、家庭への持ち帰りを含めてつねに所持している環境を整備した（2016年度まで実施）。

そしてこの間、「Google map」を利用した通学路の安全マップの作成、数学科での証明の様子を録画した評価への活用、社会科地理的分野における反転授業などを実施した。また、ほかにも学校行事の動画を学校のサーバに保存し、いつでも生徒が視聴できるようにしたり、生徒の体調に関するアンケートを実施したりするなど、授業以外でも幅広く活用した。

しかし、これらの取り組みは容易に展開されたものではない。タブレット端末を導入することについて、職員会議で審議がなされた2012年2月には「新しい活動を授業で行うことができる」という賛成意見とともに、「危険なネットに生徒を近づけるのか」「機械を壊したら誰が責任を取るのか」といった反対意見もあった。そこで、本校では保護者へのアンケート調査を実施。その結果、93％の賛成を得て、2012年4月に45台のタブレット端末を試験的に導入することになった。

## ICTを活用する力から「情報活用能力」の育成へ

ICTを活用した取り組みを進めるなか、文部科学省によって2016年8月26日に「次期学習指導要領等に向けたこれまでの審議のまとめ」が取りまとめられた。ここで「情報技術を手段として活用する力」を含んだ「情報活用能力」が、学習の基盤となる資質・能力として示されることになった。

このような次期学習指導要領に向けた議論の展開を受けて、本校では「各教科等の資質・能力」「情報活用能力」「市民として求められる資質・能力（市民性）」の3つを育成を目指す資質・能力として設定した。つまり、これまでのような「各教科等の目標を達成するためにICTを活用する」という方向性から「ICTを活用する力をも含めて、すべての学習の基盤となる資質・能力として『情報活用能力』の育成を目指す」という方向性へと転換したのである。

さらに「情報活用能力」には「情報社会の進展とそれが社会にはたす役割とおよぼす影響について理解」や「相手の状況に応じて情報を適切に発信したり、発信者の意図を理解したりする力」などが含まれている。このような資質・能力は「国や地域に限定せずに、主体的に事柄にかかわり、受動的ではなく能動的に、みずから積極的に社会へと働きかけ、参加する存在」、「市民性」の育成にとって不可欠である。だからこそ、学習の基盤として

だけではなく、「市民性」を支える資質・能力として「情報活用能力」を育成していくことにしたのである。

## 「情報活用能力」を育成するための「教科等横断的な取り組み」

「情報活用能力」の育成には、教科等の横断的な取り組みが求められる。そこで本校では、この取り組みを具現化するために「『情報活用能力』育成のためのカリキュラム表」の整備に取り組んでいる。作成の手順はまず、各教科等の担当者が年間単元配列表を整備し、それぞれの単元でどのような資質・能力の育成を目指すのかを明らかにする（「資質・能力シート」の作成）。つづいて本校の研究部が情報活用能力の3つの柱とその下位に位置する要素を縦軸に、月を横軸に配置した表を作成。そして、その表中に各教科等による「資質・能力シート」を参考にして、どの教科等のどの単元がどの時期にどの要素の育成に取り組むのかを整理していった。このようにして作成された表が「『情報活用能力』育成のためのカリキュラム表」であり、2017年度にはPDCAサイクルに基づいて5回の改訂を実施。こうしてカリキュラム表の作成・改訂を繰り返すことで、3年間を通してそれぞれの教科等の役割や資質・能力の成長具合が見通しやすくなり、特定の資質・能力に関する意図的な繰り返し指導を展開できるようになった。

また、本校ではより良い「情報活用能力」の育成を目指すために、中学校3年間のカリキュラム表の整備だけでは不十分であると考え、北海道教育大学附属函館小学校と連携し、小中9年間の「『情報活用能力』育成のためのカリキュラム表」を作成することになった。その表は2018年2月に完成し、現在（2018年度）はPDCAサイクルに基づいた改訂を実施している。そして同じく現在（2018年度）、北海道教育大学附属函館幼稚園とも連携し、幼小中12年間のカリキュラム表を作成している。

なお、本研究については、文部科学省による2017年度「次世代の教育情報化推進事業（情報活用育成等に関する実践的調査研究）情報教育の体系的な推進」の研究指定を受けており、本事業の成果報告会では指定校を代表して登壇し、成果発表を行った。また、本校が整備したカリキュラムは近隣の公立校だけではなく他県からも問い合わせをいただき、広く提供を行っている。

【「『情報活用能力』育成のためのカリキュラム表」の一部】

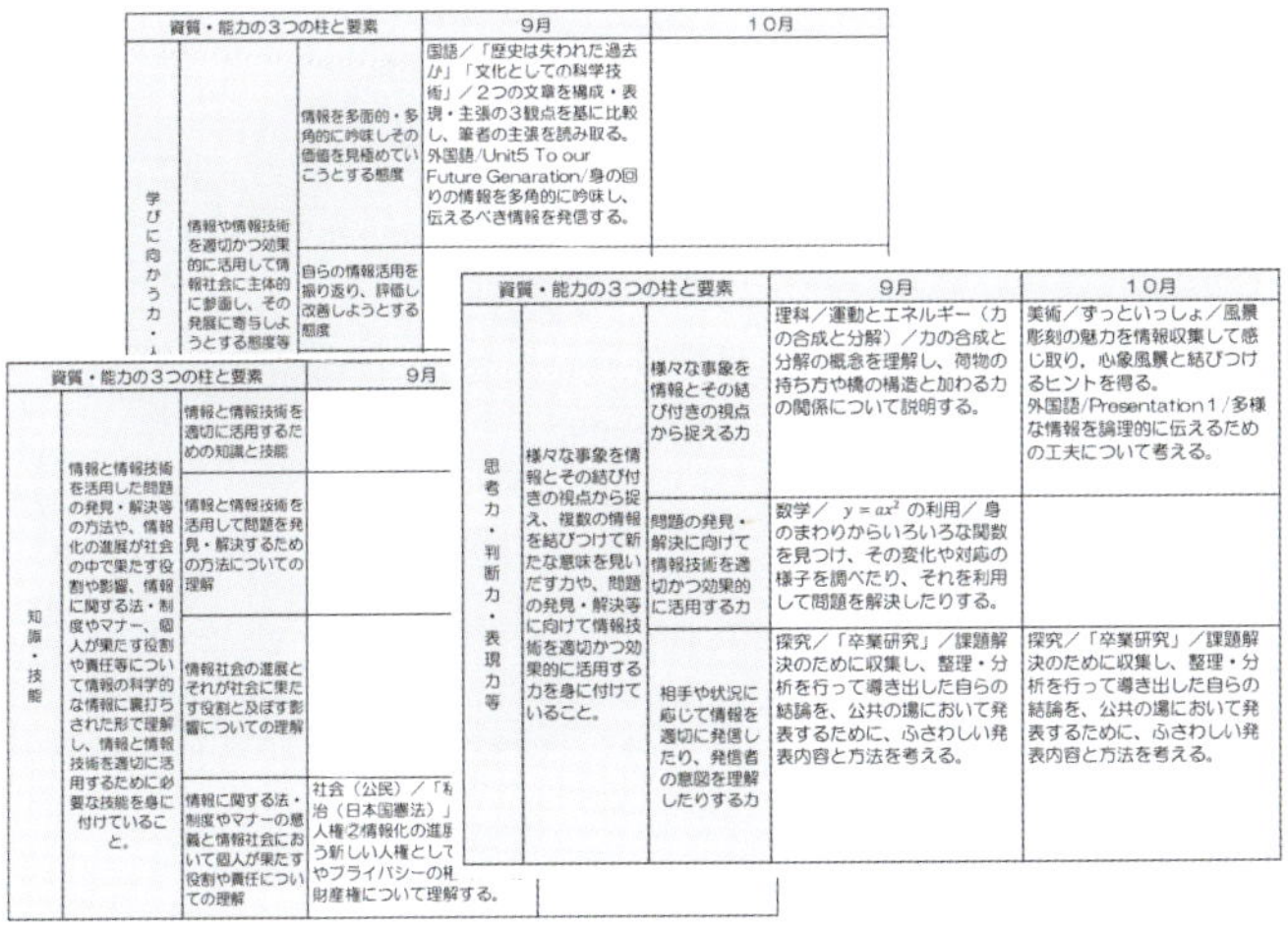


## 「BYOD」による一人一台のICT環境による教育の展開

ところで、本校が取り組んだ貸与による一人一台のICT環境については、いくつかの問題点があった。

ひとつ目は、充電の繰り返しによる充電容量の減少である。2015年度頃には、生徒は自宅で充電を行い学校へ持参するものの、午前で充電が切れるという状況が多く見られるようになった。この状況では、学習道具として必要なときに活用できるという環境が整備されているとはいえない。

ふたつ目は、機器の整備に要する費用の問題である。ひとつ目の問題を解決するためには、あらたな機器を購入しなければならないが、持続可能な予算の確保はきわめて難しい問題である。

3つ目は、本校のタブレット端末に関する環境整備のほとんどを情報機器に詳しい教員が行ったため、この教員が不在または転勤した場合に同様の取り組みを継続できなくなってきた点である。とくにこの取り組みに関するデータは学校内のサーバで管理・処理していたため、自分たちで対応しなければならないことが多く、持続することが難しかった。

　そこで本校では、このような「教育の情報化」の運用コストなどの問題を解決するために、つぎのような方策をとることとした。

左上・上／Chromebookの一人一台環境のもとで「情報活用能力」の育成に励む
左／Goole Classroomを利用した授業資料の配布

　まず、3つ目の問題点を解決する方策として、Googleの「G suite for education」に注目した。これは教育関係者（教員・生徒など）が無料で利用することができる統合型のオフィスアプリ。具体的には「Gmail（メール）」「Googleドキュメント（文書作成ソフト）」「Googleスプレッドシート（表計算ソフト）」「Googleスライド（プレゼンテーションソフト）」「Googleフォーム（アンケート作成ソフト）」などを利用することができるようになるというものだ。さらに、保存領域として「Googleドライブ」が容量無制限で利用できるとともに「Classroom」などを活用することでファイルの共有や配布等を容易に行うこともできる。このように既存のサービスを活用し、サーバをクラウド化したりすることによって、3つ目の問題点の解決を目指したのである。

　ひとつ目とふたつ目の問題点を解決する方策としては、学校が端末を準備して貸与するという方式ではなく、家庭が購入した端末を生徒みずからの端末とし、それを学校に持参して教育活動に活用するという方式(BYOD=Bring Your Own Device)を実施することにした。この際に検討が必要になったのは、具体的にどのようなデバイスを「購入」「持参」させるのかといったことだ。本来のBYODであれば、購入・持参するデバイスそのものを家庭が判断することになるが、さまざまなデバイスが学校に入り込んでくる状況では、授業展開や情報セキュリティについて問題が生じることが予想されたため、学校が指定するデバイスを購入・持参してもらうことにしたのだ。そして検討の結果、本校ではGoogleの「Chrome OS」を搭載したノートパソコン「Chromebook」を選択した。その主な理由はつぎの通りだ。

・価格が比較的安価であること。
・起動時間が非常に短いため、必要なときにすぐ利用することができること(待機時間が少ないため、授業時間中の「間」が生じにくい)。
・アップグレードが適宜実施され、機能とセキュリティや使いやすさが向上すること。
・Chrome管理コンソール(Chrome Management Console)を利用することによって、ウェブベース管理下にあるすべてのChromebookを集中的に管理することが可能であること。また、端末ごとやグループごとなど、きめ細かな設定や利用制限などを遠隔で設定することが可能であること。
・キーボードをタイピングすることによる文字入力や編集などの技能を向上させることが可能であること。

　BYODによるChromebookの導入は2017年度からスタートし、まずは第1学年および第2学年の生徒を対象とした。導入に向けた取り組みとしては、2017年6月に保護者を対象とした説明会を実施した後、8月から業者によるオンライン購入受付を開始し、9月に生徒にChromebookを配布した。2018年度入学生については、2018

年3月の入学者説明会において案内を行い、4月には全学年においてBYODによるChromebookの一人一台環境が整備されることになった。ちなみに、家庭での購入を選択しない生徒に対しては、つぎのような対応を行っている。

・学校が所有するChromebookを貸し出す。
・貸し出しは、学校での利用を原則とする。
・家庭への持ち帰りを希望する場合には、生徒名・保護者名を記入し、押印する「持ち帰り希望届」を提出してもらう。

## 「情報活用能力」育成を目指した実践例

本研究については、パナソニック教育財団より第43回特別研究指定校の指定を受け、「他者と協働して情報を整理・発信・伝達できる生徒の育成を目指して」というプログラムに参画している（2017〜2018年度）。そして、ChromebookおよびG suite for educationのアプリを活用して、他者と協働して相手の状況に応じて情報を適切に発信する力を育成する授業実践に取り組んでいる。

そこで、ここでは「相手の状況に応じて情報を適切に発信したり、発信者の意図を理解したりする力」の育成を目指した第1学年国語科における「関係を見いだす〜フリップを用いて報告する〜」という取り組みを紹介したい。

この取り組みの成果がもっとも発揮されるのはオープンスクールの日だ。本校では、毎年7月に市内および近郊の小学校に通う小学生とその保護者を対象にしたオープンスクールを開催しており、そのなかで第1学年生徒による「学校紹介」を実施している。もちろん、この準備は国語科における本単元として取り組んでおり、発表資料はグループで共有したGoogleスライドで作成。また、授業では「相手（小学生）」を意識した発表」に主な重点を置いて、クラス内でおたがいに評価し合いながら、当日に向けて準備を進めていく。なお、クラス内でのおたがいの評価については、クラス全体で共有したGoogleスプレッドシートに入力し合うことで、すぐに確認することができ、つぎに改善すべき点として生かせるようにしている。

## 「市民性」育成に向けたカリキュラム構築

このような「情報活用能力」の育成にあたっては、「市民性」の育成も視野に入れながら展開している。たとえば「探究」（総合的な学習の時間）がそうだ。「探究」は「国や地域に限定せずに、主体的に事柄に関わり、受動的ではなく能動的に、自ら積極的に社会へと働きかけ、参加する存在」の育成が主な目標とされており、本校ではその過程において「情報活用能力」をさらに育成し、発揮させることを意図している。そして、3年間で「課題の設定」「情報の収集」「整理・分析」「まとめ・表現」という過程を3回繰り返すなかで、とくに第2学年の10月から第3学年の12月まで取り組む3回目は、生徒が個人で探究的な学びに取り組む「卒業研究」を実施する。なお、その際のテーマや内容、成果については、みずからの興味や関心に基づくものであると同時に、社会への貢献も意識してもらうようにしている。こうした学習を経て、生徒たちが次代の社会に貢献できる人材となることを願ってやまない。

### DATA

**沿革**

1947 北海道第二師範学校附属小中学校開校
1951 北海道学芸大学附属函館小中学校と改称
1966 北海道教育大学附属函館小中学校と改称
1970 北海道教育大学附属函館中学校と改称
1974 北海道教育大学教育学部附属函館中学校と改称
2004 国立大学法人北海道教育大学附属函館中学校と改称

**教育理念**

自主 明朗 知徳

**主な行事**

梧桐祭

北海道函館市美原3-48-6
☎0138-46-2233
www.hokkyodai.ac.jp/fuzoku_hak_chu/

研究事例／北海道教育大学附属特別支援学校 北海道函館市

# 地域を好きになろう 地域で生きる 児童生徒の育成を目指して!

児童生徒の多くが函館市や北斗市、七飯町から通学しているという北海道教育大学附属特別支援学校。その卒業生のほとんどは、函館市やその近郊で就労し、家族またはひとりで生活を送ることになるという。そこで、同校では函館市やその近郊の地域を含め、「地域」を意識した教育活動を展開している。

本校では、交流及び共同学習や教科の学習、総合的な学習の時間、作業学習等を通して「地域の良さを知り、地域と共に、地域で暮らす子どもたちの育成」を目指し、各学部において「地域を好きになろう」を目的にした教育活動を行っている。そこで、ここでは本校の小学部から高等部で行う「地域」をテーマにした学習活動を紹介したい。「地域を知る」といっても難度があり、在籍する児童生徒の障がいの実態や生活年齢に応じた学習を繰り広げていることも伝えていきたい。

## 友だちのことをもっと知るために ～交流及び共同学習～（小学部）

小学部は数年前より附属函館小学校と、隣町にあるO小学校との交流を行ってきた。ここでは「友だちのことをもっと知るために」という願いで交流をしてきたO小学校との交流について紹介したい。

本校の児童は、知的障がいだけでなく自閉スペクトラム症を併せ持つ児童が多く、人とのかかわりに消極的な子どもたちが多い。大きな集団との交流は、不安と恐怖を抱いてしまうだけになる可能性もあり、同年代の子どもたち同士でかかわり合うための交流の場所を探すのに大変苦労した。また、一度きりの出会いでは、緊張や不安でかかわり合うことが難しいため、繰り返し出会うことができるような仕組みづくりを考えた。

O小学校は全校児童数17名、3学級完全複式で構成されており、本校の児童数とほぼ同様。そのため、一対一のペアリングが可能で、より深い交流ができると期待し、20年前に交流がスタートした。O小学校の児童は障がい児・者とのかかわりの経験がない子がほとんどであるため、交流スタート時は戸惑いが強く、積極的に本校の児童とかかわることができなかった。しかし、回を重ねるごとに自然にかかわれるようになる子どもたちを見て、両校の教員間で継続した取り組みにしようということに。現在は春の出会いから関係を深めていくために、学習は一対一のペアを組んで行い、一度一緒に活動したペアは、どちらかの児童が卒業するまで同じペアで活動している。毎年のおたがいの成長を確認しながら、慣れた関係のなかでよりわかり合えることを

[表1：O小学校との交流及び共同学習]

| 時期 | 内容 |
|---|---|
| 4～5月 | 事前学習：本校職員によるO小学校児童向けの障がい理解学習 |
| 6月 | 交流1「一緒に遊ぼう①」（場所：O小学校） |
| 11月 | 交流2「一緒に遊ぼう②」（場所：O小学校） |
| 2月 | 交流3「一緒に遊ぼう③雪遊び」（場所：O小学校） |

図書室で一緒に本を読むペア

ねらっている。

一年間の活動は表1に示した通り、年に3回となる。交流の前には「事前学習」として、O小学校の児童向けに本校職員が「障がい理解」に関する授業を行う。知的障がいや自閉スペクトラム症の障がい特性、本校児童の最近の様子などを紹介し、1回目の交流活動に向けた学習が行われる。

年間の活動のなかで、1、2回目の活動はO小学校の児童が本校の児童の好きな遊びや得意な遊びの情報をもとに活動を計画する。体育館でのカードゲーム、校庭の遊具遊びなど、ペアによって活動内容はさまざまで、O小学校の敷地内全体を使って遊びが展開される。3回目の交流はO小学校の大きな雪山でのソリ遊び。子どもたちは、本校の雪山よりも大きな雪山でのソリ遊びを毎年楽しみにしている。

O小学校との交流は、O小学校の児童にとっては障がい理解の芽を育てるきっかけとなり、本校の児童にとっては同世代の友だちとかかわる安心感や楽しさを知るきっかけとなっている。

## 地域のために！〜地域で活躍する授業〜（中学部）

中学部では3年前から本校近隣の石川町会と連携して、7月と11月に地域の公園や歩道のごみ拾いを実施している。本年度も町内会の夏祭り（7月）の前に本校中学部の生徒が石川町会管轄の各公園や歩道のごみを火ばさみを使って拾い集めた。清掃作業の様子は、今まで数回にわたり『石川町会新聞』に記事として取り上げられ、中学部の生徒の良さや頑張り、地域への貢献などについて地域の多くの人に知っていただくきっかけとなっている。事後学習では、石川町会の広報部長から生徒に感謝状が贈られ、直接、地域の方から感謝の気持ちが生徒に伝えられた。また、2年前には本校中学部の地域貢献が認められ、本学学長から表彰を受けた。これらの経験は生徒の自信や自己有用感などにつながったと思われる。今後も地域のなかで、地域の一員として生徒が活躍できるような学習を進めていきたいと考えている。

近隣町会のごみ拾いの様子

## 函館っておもしろい！〜地域の人材を活用した授業〜（中学部）

本校では造形学習のなかで地域の企業とのコラボレーションにも力を入れている。そのひとつが函館の商業施設でブロック玩具で遊べる施設を担当している方を外部講師として招き、年に3回、ブロック玩具を使った創作活動を行うというものだ。ブロック玩具は見ただけで使用方法がわかり、触って組み合わせを考え、直感的な創作ができるため、生徒たちにもわかりやすい。そのため回を重ねるごとに、作品が大きくなったり、精度が上がって細かいところまでつくれるようになる。この授業では保護者も一緒に授業参観できる日を設けているので、ときには休日に生徒と保護者が外部講師の方が担当する施設に遊びに行ったり、商業施設が開催するイベントに参加したりするケースもたびたび見受けられ

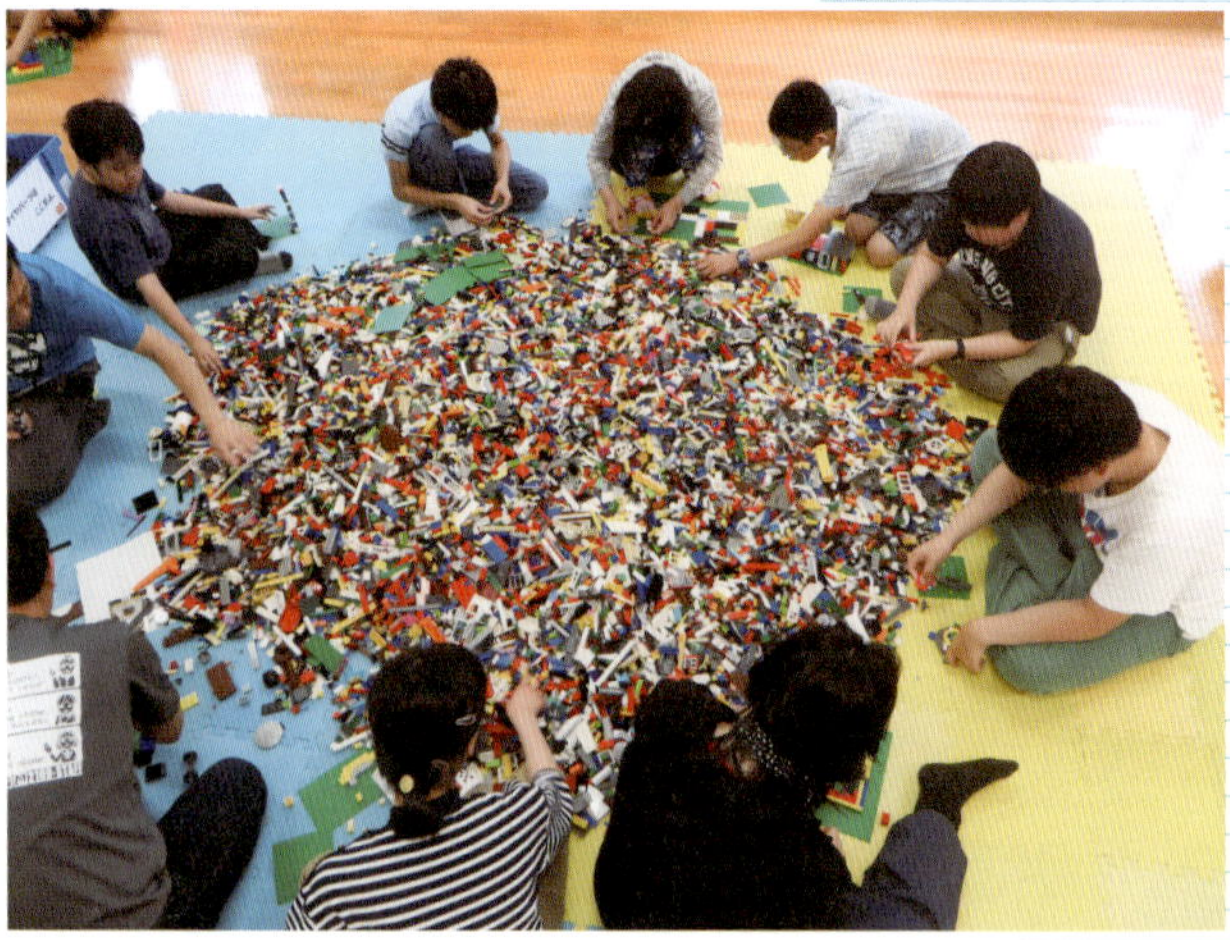

ブロック玩具で創作している様子

た。地域の企業とコラボレーションしたこうした授業が「地域に出る良いきっかけになった」という保護者の声もあがっており、生徒たちの「余暇」のあり方を広げるきっかけにもなっていると考えられる。

## 他の地域の人とかかわり 地元の良さを再認識！（中学部）

そして本年度は、群馬大学教育学部附属特別支援学校の中学部3年生（以下、群大附属の中3の皆さん）が修学旅行で北海道に来ることがわかり、この機会を活用して本校中学部3年生と交流を行うことに。交流は旅行当日を含めて全5回行う予定で、第1回目から第3回目までは、インターネット電話サービスを活用した交流を行い、両校生徒の自己紹介や地元のおすすめスポットの紹介（函館・群馬）、地元の有名な観光名所や食べ物などに関するクイズなどを通して、おたがいのことやおたがいの居住地について学び合っている。群大附属の中3の皆さんに地元・函館の魅力を伝えるにあたって、本校の3年生は事前にインターネットなどの情報を参考に、函館の有名な観光名所や有名な食べ物、B級グルメなどを調べた。「あれを伝えたい！」「これを教えたい！」などと思うほどに、本校の生徒は地元の良さを再認識することができ、それをほかの地域の人に積極的に発信していた。群大附属の中3の皆さんの来函は9月だが、この日は両校生徒が一緒に五稜郭公園周辺での散策や五稜郭タワーの見学などに取り組み、函館名物の弁当を一緒に食べる予定となっている。今からどんな交流になるかが楽しみだ。

群大附属の生徒との交流の様子

## その感性を卒業後も地域へ！ ～障がい者アートを通して～（高等部）

昨今のデジタル機器の普及により、子どもたちが余暇活動のなかでそれらを使ってすごす割合が高くなってきている。本校高等部の生徒にも同様の傾向が見られるが、それらが余暇の広がりの妨げになっている可能性も否定できない。そこで、本校高等部ではアート・スポーツ・ミュージックの3つの領域に分かれて学習し、より豊かな生活を送るための余暇活動の充実を意識しながら、日々の授業に取り組んでいる。今回はそのなかの「アート」の取り組みについて紹介したい。

障がい者と生涯学習のかかわりを巡る動向のなかで、「アール・ブリュット」（生の芸術）に代表されるような、障がいの有無にかかわらず芸術活動の価値を認めようとする動きが函館でも活発になってきた。

「アール・ブリュット」では、生活介護やB型就労の福祉事業所の利用者の作品展示がほとんどで、現役の高校生の作品は展示されていなかった。しかし、本校にも感性豊かで魅力的な作品を生み出す生徒が多く、彼らの作品を多くの人に見てもらいたいと願う本校職員の気持ちも熱くなってきている。また、生徒たちも第三者からの反応や感想を受け取ることで、「また描きたい」「また見てもらいたい」と創作意欲が掻き立てられ、こうした経験が卒業後の余暇活動にもつながると考えた。そこで、本校高等部職員が中心となって北海道アール・ブリュットネットワーク協議会と協力し、函館近郊の福祉事業所に声をかけ、障がい者の芸術活動を推進するための研修会をスタート。障がい者アートに関する知識、作品の魅力を引き出すための展示方法などに関して学びはじめた。

研修会も2年目となり、講師を招いての講演だけでなく、障がい者の芸術活動を推進するための画材選びや画法、支援方法などのワークショップや「北海道・北東北アール・ブリュットネットワーク協議会函館展」で実際に展示する研修なども行えるようになった。実際に各福祉事業所で芸術活動を推進するためのノウハウを学んだことで、道南地区における障がい者の芸術活動推進に一役買えるようになったと思う。

講師を招いての研修会の様子

もちろん授業での作品制作もつづけている。主に「アート」という授業を選択している生徒による取り組みだが、別の授業を選択した生徒も昼休みなどの時間を使って自由に制作している。また、友だちの作品を見たり、新しい技法を知ったりすることで、従来とは異なるあらたな画材や技法で描かれた作品が多くなってきたように感じる。展示の効果も大きい。文化祭では、職員が研修で学んだ方法でより生徒の作品の良さが伝わるような展示を行ったこともあり、来場者からの評価が年々高まっている。また、自閉症啓発デーに行われた展示会に出品し、一般の来場者からの感想を受け取ることができたおかげで、生徒の作品への関心、創作意欲はますます高まっているようだ。

今後も生徒の「描きたい」「つくりたい」という気持ちを育て、日々の制作に取り組みながら、卒業後も作品を通して地域の方々とつながっていけるよう、福祉事業所や近隣の特別支援学校と協力して芸術活動を推進していきたいと考えている。

## DATA

**沿革**

| | |
|---|---|
| 1973 | 北海道教育大学教育学部附属函館小学校、中学校に特殊学級を設置する |
| 1976 | 北海道教育大学教育学部附属養護学校が開校する |
| 1977 | 高等部を新設する |
| 2001 | 日常生活訓練棟（きりのめの家）が完成する |
| 2002 | 「日本自閉症スペクトラム学会」を開催する |
| 2005 | 「自閉症の子への学びの支援」（明治図書）を出版する。「NISE自閉症教育実践セミナー」を開催する |
| 2007 | 法改正にともない、北海道教育大学附属特別支援学校に改称 |
| 2013 | 「『社会とかかわる力』を育てる！6つの支援エッセンス」（明治図書）を出版 |
| 2014 | 「現職教員のための臨床研修会」を開催する（～2017年） |

**教育理念**

「つよく　あかるく　すなおに」という校訓を掲げ、学ぶことを楽しみ、つぎの学びに意欲がもてる子どもを育てたい、と願っています。そのために、学習活動を通して自分や他者の良さに気づき、意欲的な学びから自己表現できる児童生徒を育成しようと取り組んでいます。

**主な行事**

産業現場実習（高）、介護等体験実習、きりのめ体育祭、きりのめ文化祭、公開研究協議会、支援ミーティング、交流及び共同学習

北海道函館市美原3-48-1
☎0138-46-2515
www.hokkyodai.ac.jp/fuzoku_hak_tokushi/

研究事例／宮城教育大学附属特別支援学校情報　宮城県仙台市

# 生き抜く力・自己肯定感の育成に注目した教育への挑戦

東日本大震災の被害を受けた宮城教育大学附属特別支援学校が、復興から未来へつなぐ防災教育に取り組んでいる。震災時には特別な防災知識・技術だけではなく、日常的な防災能力が非常に有用だった。その経験を生かし、知的障害のある児童生徒にも、日常生活の「生きる力」の学習活動のなかから防災・安全の意識を学んでもらっている。また、学習支援室や大学教員・学生と連携し、自己肯定感を育む作業学習・学習活動を実践し、児童生徒の可能性を広げている。

## 生き抜く力としての防災教育の取り組み

本校では避難訓練や非常食作りといったさまざまな形態の防災学習をしながら、生徒に想定外の状況にも対応できるような「生き抜く力」を身につけてもらうような授業、活動をつづけている。

たとえば防災教育では、火災や地震に対してマニュアル通りに避難誘導をするだけでなく、想定外の状況にも臨機応変に対応することを大切にしている。そのために普段から学校で危険回避の基本的な行動を学習をしたうえで、児童にも教員にも災害発生時刻や災害発生場所などの避難想定を知らせずに訓練を行っている。

実際の避難に関しては校舎から外に出るだけでなく、二次避難場所になっている隣接した大学内のグランドまで徒歩で移動するようにしており、その際には歩いて逃げられない傷病者を想定し、車椅子を使って移動する訓練なども取り入れている。なお、この避難訓練ではPTAと連携して個人の特性に合わせた非常持ち出し袋を用意し、実際にそれを使用するという実践的な訓練も実施している。この非常用持ち出し袋のなかには児童生徒が学習活動で自作した「防災ポンチョ」も入っている。自作することで防災意識が高まるからだ。

そのほか、本校では水難事故への対策として、2018年度から「着衣水泳」を開始している。宮城県内の知的障害特別支援学校で着衣水泳を実施している学校はなく、全国においても知的障害のある小学部児童を対象にした実施例はこれまでにほとんどない。というのは、通常の小学校で行われている着衣水泳の指導方法を知的障害のある子どもたちにそのまま適用することができないからだ。実際、特別支援学校の小学部での実施にはさまざまな指導上の難しさがあり、子どもたち自身が想定していない行動をするリスクもある。ときには着衣のままでプールやお風呂に入っ

宮城教育大学附属特別支援学校の校舎

着衣泳の様子

ていいと勘違いしてしまうこともあり、保護者に着衣水泳を理解してもらえないこともある。

泳げない児童生徒も少なくないので、まず着衣水泳のレクチャーは念入りに行う。まず着衣したまま水に入ったときの感覚を知ってもらい、膝下くらいの深さでも水流に逆らって歩くと足がとれられてしまうこと、水のなかだと衣類が重くなることを体験してもらうことからはじめる。それから水に浮かんだ物に掴まって助けを待つといった訓練を経たうえで、徐々に水に浮く練習などをしていく。

とはいえ、子どもたちの理解度はさまざまであり、遊びと訓練の違いがわからない子どもも少なくない。そのため、教師は児童生徒たちの理解度を確認しながら、小学部から高等部まで順序立てた学習を構築していく必要がある。前例がない学習であるため、安全面から仙台市消防局消防救助係（特別機動救助隊）に協力してもらいながら、そのつど、より適切な学習指導方法にあらためている。その学習によって、救助する側にとっても特別支援が必要な子どもたちの特性を知り、その救助方法を体験できる訓練となっているのだ。

危険から逃れた後も救助されるまで生き延びなければならないという視点から、非常食作り学習にも注目。本校では知的障害のある児童生徒でも実施できるものとして、牛乳パックホットサンド、一分パスタ（スパゲッティ）、ポリ袋ご飯作りにも取り組んでいる。試行的な学習実践を経て対象児童生徒の特性に合わせた調理方法に改良し、2018年度からはスパゲッティや米を使った非常食作りの学習を組み込んでいる。そして「非常食を食べられる→手伝いができる」（小学部）→「作ることができる」（中学部）→「作り方を教えられる」（高等部）、といった具合に学部進行に応じた達成目標を立て、最終的には社会に出た後の日常生活の調理としても役立つ学習を目指している。このように防災とかかわる学習を取り込むことで、児童生徒ができることを増やし、いざというときに役立つ防災学習につなげようとしている。

ホットサンド作り

## 附属学校園を支える学習支援の実践

附属学校園内で本校（特別支援学校）以外の学校園に在籍している〝学びにくさ〟のあ

る子どもたちへの教育支援にも注力している。

本校では2010年度から通常学級に在籍する学びにくさのある児童生徒の通級指導をするために、特別支援学校の教諭が常駐する通級指導教室「さぽーとルーム」を附属小学校内に設置。対象は幼稚園から小・中学校の児童・生徒で、早期段階から学習支援教育を行い、地域のセンター的機能をはたしてきた。

しかし、対象となる子どもたちの増加と思春期を迎えた中学生に対する支援の難しさもあって、2018年度からは学習支援室「あしすとルーム」を中学校内にあらたに設置。これにより、幼稚園・小学校を支援するさぽーとルーム、中学生を支援するあしすとルームという連続性のある学習支援体制を構築できた。ちなみに、あしすとルームでは不登校傾向のある生徒に共通する自己肯定感の低さを改善することを意識し、学校への興味を持たせるために、簡単な体操による感覚統合トレーニング、ゲーム性と学習性を備えたICT教材の導入、教師が生徒の活動をほめるノートの作成、大学生による学習支援など、さまざまなタイプの取り組みにチャレンジしている。なかでも、通常学級とあしすとルームのギャップを軽減するために試行しているロボット・プログラム学習による活動は多方面から注目を集めている。

これらの活動と指導教室のおかげで、通ってくる児童生徒たちは一様に明るくなり、居心地の良い場所という感想をもらしている。また、なかには教科学習への意欲を燃やす児童生徒も出てきた。こうした児童生徒の変化は従来の指導に限界を感じていた教師たちにとっても良い影響を与えており、教師の後押し、元気づけにもなっている。通常授業と異なる視点を取り入れ、大学と連携しながら生徒と教師を支援するさぽーとルーム、あしすとルームは、学校教育におけるあらたな可能性を示している。

## 大学教員と協力した さまざまな学習の実践

大学の附属学校としての特権は、大学の専門的な知識のある教員と学生が連携した学習を実践できることである。たとえば中学部・高等部も巻き込んだモノづくりもそのひとつ。作業学習にレーザー加工などのデジタルなモノづくりの技術を取り入れることで、従来の製品よりも品質の高い製品に仕上げることができ、生徒の達成感も高めることができた。その制作例としては小学部から高等部の全員で作った50周年記念品などがある。

大学生による絵本の読み聞かせと連動させ、絵本と同じカステラを作って食べる調理学習「ぐりとぐらのカステラ作り」もそのひとつ。絵本の話を聞くという受け身の学習に、調理という体験型の学習を加えることで、児童の主体性を養うことができるのではないか、ということでトライしてみたところ、結果は上々だった。また、大学生の学生授業と連動した「英語のクリスマス会」などは、児童生徒の学習意欲を高めるとともに、大学生の教

学習支援室「あしすとルーム」の活動

育としても有益であった。

これらの企画は大学と連携する附属学校だからこそできたと自負している。そして、そのほかにも本校では大学と連携して、和楽器を使った音楽の経験、大学生と一緒にするサッカー、大学で飼育しているヤギとふれあう学習を組み込んだ作物栽培など、さまざまな取り組みにチャレンジしている。大学教員・学生と連携した授業は児童・生徒にとって大いに刺激となり、「できることが増えていく達成感（自己肯定感）」は児童・生徒の生き方に大いにプラスに働いている。

ぐりとぐらのカステラ作り

50周年記念コースターと記念エコバック

## DATA

**沿革**

1967 宮城教育大学教育学部附属小・中学校特殊学級を改組し、宮城教育大学教育学部附属養護学校小・中学部新設
1969 高等部設置
1971 新校舎（青葉山：現住所）へ移転
2000 現校舎完成
2004 国立大学法人宮城教育大学附属養護学校となる
2007 校名変更、国立大学法人宮城教育大学附属特別支援学校となる
2010 上杉学習支援室（さぽーとルーム）を附属小学校内に開設
2011 新体育館完成
2018 上杉第2学習支援室（あしすとルーム）を附属中学校内に開設

**教育理念**

児童生徒一人一人の発達に応じた適切な教育を行い、心身の調和的な発達を図る。社会の一員として、心豊かでたくましく生きる力を身に付けた子どもの育成を目指す。

**主な行事**

学芸会、運動会、ふとくまつり、命を守る各種非常時対応訓練（火災・地震・水難・不審者対応訓練など）

宮城県仙台市青葉区荒巻字青葉395-2
☎022-214-3353
tokushi.miyakyo-u.ac.jp/

研究事例／筑波大学附属坂戸高等学校　埼玉県坂戸市

# SDGsに対応した協働型国際フィールドワークの開発

筑波大学附属坂戸高等学校はスーパーグローバルハイスクール（SGH）の活動の一環として「国際フィールドワーク」を開発。実践的な国際交流やフィールドワークを通じて、これからのグローバル社会に必要な人材の育成に努めている。

## 筑坂の国際教育の特徴

筑波大学附属坂戸高等学校（略称：つくさか）は、2008年に校内に国際教育推進委員会（CIS：Committee of International Studies）を設置し、それ以来、本校独自の取り組みである「国際的視野に立った卒業研究の支援プログラム（海外での調査・研究の支援）」をはじめ、インドネシア・オーストラリア・台湾における分散型海外校外学習、インドネシア・タイ・フィリピンなどアセアン地域を中心とした学校との交流、ユネスコスクールへの加盟、学校設定教科「国際」とその科目の設置、そして本校が主催する「高校生国際ESDシンポジウム」などを通して、総合学科高校だからこそできる多角的な国際教育のあり方を模索してきた。

そして2014年からの5年間は文部科学省のスーパーグローバルハイスクール（SGH）の指定を受け、課題研究を中心に据えた国際教育に関するカリキュラムやプログラムの開発、そしてそれにともなう校内体制の整備を行ってきた。語学力だけではなく、「グローバル社会において、自分は社会とどのようにかかわり、平和で持続可能な社会を実現するために、自分は何ができるか」を生徒自身が考え、実践できるようになることを重視している。ここではとくにこのSGHで開発した「国際フィールドワーク」について紹介したい。

## インドネシアの高校との連携

本校とインドネシアとの関係は、2008年度、筑波大学農林技術センター（現・つくば機能植物イノベーション研究センター）が文部科学省の「国際協力イニシアティブ教育協力拠点形成事業」で、ボゴール農科大学とその附属学校であるコルニタ高校と現地で入手可能な竹を活用したエネルギー環境教育の教材開発を共同実施したことにはじまる。ちょうどその時期、筆者（建元喜寿教諭）はJICA青年海外協力隊の「現職教員特別参加制度」を利用してインドネシアの国立公園に環境教育の隊員として滞在しており、コルニタ高校に何度か通ううちに両校の関係を築くことができた。

また、2012年には「インドネシア環境林業省林業教育研修センター」でJICAのプロジェクトが実施され、その担当専門家の方からインドネシア環境林業省附属林業高等学校との国際交流を提案された。その後、同校との交流がはじまり、2013年にセンターおよび附属林業高校5校（ジャワ島、スマトラ島、カリマンタン島、スラウェシ島、パプア島）と国際連携協定を締結した。

ちなみに本校にはもう1名、インドネシアに派遣されていた青年海外協力隊経験者が在籍しており、私を含めたこの2名が隊員時代に築き上げたインドネシアでのネットワークをベースとし、現在は筑波大学の海外ネットワーク、インドネシア環境林業省・駐日インドネシア大使館・現地企業などの協力や支援のもと「国際フィールドワーク」を立ち上げ、実施してきた。

このフィールドワークの目的は、世界規模で進行している環境問題を解決し、持続可能な社会の構築に向けた具体的な活動を他者と主体的に協働しながら実践できる人材の育成だ。とくに2015年に採択された国連持続可能な開発目標（SDGs）は、先進国と途上国が協働し普遍的に取り組むことを重視しており、本校もSDGsの要請に対応したプログラム開発を行っている。その活動内容は、本校の高校生とインドネシアにある姉妹校（ボゴール農科大学附属コルニタ高等学校およびインドネシア政府環境林業省附属林業高等学校）の高校生が合同チームを組み、インドネシア西ジャワ州のグヌングデパンランゴ国立公園とその周辺の農村部で合宿形式のフィールドワークを実施するというもの。「インドネシアの森を百年守るために、高校生の自分たちにできること」というテーマを掲げ、3校の参加者を日本人高校生とインドネシア人高校生が混在する形で「環境教育班」「地域開発班」「エコツーリズム班」に分け、各班がアクションプランを作成し、解決活動を実施する。具体的には「環境教育班」は主に地域の小学校や中学校における環境教育プログラムの立案と実施、「地域開発班」は森林伐採に依存しない産業の提案や支援、そして「エコツーリズム班」は国立公園や農村部における環境に配慮したツーリズム振興に関する活動を行う。そして、その成果はインドネシア環境林業省や国立公園職員にプレゼンし、毎年、フィードバックを得ている。

日イの高校生が合宿形式でフィールドワークを実施

## 「発信力」のための「受信力」の育成

フィールドワークは農村部や現地小中学校での聞き取り調査、アクションプランの作成、解決活動の実施、振り返り、そして再調査、プランの再考、活動実施というサイクルで実施している。このなかで、生徒は「受信」することの大切さを学んでいく。たとえば「日本の森の保全はどうなっているの。日本のエコツーリズムの事例を教えて」とインドネシアの高校生に質問され、日本の高校生はしばしば回答に窮する。「インドネシアに環境問題の深刻さや環境教育の重要性を伝える」と考えて日本を出発したものの、現地で活動をはじめると、これまで2次情報を中心とした自分自身の学びの浅さや理解不足を思い知り、インドネシアの高校生の知識や行動力の素晴らしさ、そして包容力などに気づかされるのだ。また、自己の生活と森林が密着している現地住民から学ぶことは非常に多く、自分自身と森林との関係の希薄さも知る。それに気

国立公園来訪者にエコツーリズムに関するアンケートを実施する日イの高校生

づいたとき、生徒の学びの質が変化し「協働」の真の意味を捉えられるようになるのだ。

## ノンネイティブ同士の英語による対話と言語の多様性

本校では、放課後の時間外科目として週1時間「インドネシア語」を開講している。ただし、時間もかぎられており初歩的な内容であるため、現地での調査活動をインドネシア語で実施することは難しく、現地での主な使用言語は英語となる。現在、世界の英語話者は20億人程度と考えられているが、ネイティブスピーカーは3〜4億人程度といわれている。そのため、実際にはノンネイティブスピーカー同士での英語のやりとりが多くなってくる。国際フィールドワーク参加者の参加後の振り返りには「英語を母語としない2カ国の高校生同士の対話で、多少の間違いを恐れることなく、相互に伝えたい内容を伝え合えたのが新鮮な体験であった」といった記述もあった。また「片言でもインドネシア語を使うことで、地元の人たちとの距離が縮まった気がする。西ジャワ州で使われているスンダ語で『ありがとう』と伝えると、とても喜んでもらえた」といった記述も。教室のなかだけでは学べない言語に関する学びがあるのも、このフィールドワークの特徴といえる。

## 国を越えた高大接続ネットワーク

2017年からはインドネシア環境林業省の協力のもと、ジャカルタに日本のSGH校およびインドネシアの高校が計10校程度集まり、「インドネシア日本高校生SDGsミーティング@ジャカルタ」を開催している。日イ双方の高校生がSDGsをキーワードに、各学校で持続可能な社会を構築するために実施している活動内容を学び合うというものだ。今後はこのような課題研究ベースの国際交流が増えてくることが予想される。

本校の国際交流ネットワークは、ASEAN（アセアン）の高校を中心に広がっている。2011年のボゴール農科大学附属コルニタ高校を皮切りに、2013年にはインドネシア環境林業省附属林業高等学校、2016年にはフィリピン大学附属ルーラル高等学校、2017年にはタイ・カセサート大学附属高等学校と国際連携協定を締結した。もちろん、高校だけの連携ではなく、大学や近隣の研究所なども含めた国際交流や連携も進めている。

また本校の高校生の課題研究の一環で、フィリピンの国際研究所でのミーティングをフィリピン大学附属高校の先生方にアレンジしてもらったり、逆にフィリピン大学附属高校の日本におけるサイエンスインターンシップを本校が支援したりするケースもある。一方、タイでも日本語教育に関する相互協力を進めている。インドネシア連携校の卒業生が筑波大学に入学する例も出ており、カセサート大学ではTOEFLを基準に、海外の高校生がカセサート大学に入学し英語で講義を受けられるシステムをつくっているという情報

ジャカルタで開催された「第2回インドネシア日本高校生SDGsミーティング」

も得た（2018年6月の渡航の際）。このような国境を越えた人材や学びの流動性は今後さらに増加していくだろう。

教育のグローバル化に対応し、効果的なプログラムを開発していくには、国を越えた教員同士の「顔の見える関係性」を構築し、協働によるプログラム開発を進めていく必要がある。本校の場合、外国語科教員以外に、現地と直接やりとりのできる複数の教科の教員が存在していることが大きい。たとえば、上述した2名のインドネシア青年海外協力隊経験者（農業科、地歴公民科）のほかにも、もう1名、スペイン語対応のできる青年海外協力隊経験教員（理科）がいる。また、ESD（持続可能な開発のための教育）に携わる地歴科教員、日本文化を軸に国際交流を進める国語科教員、食を軸にした国際交流を担当する家庭科教員など、それぞれの得意分野を生かした活動が広がっている。インドネシアへの引率は延べ10名以上の教員が経験しており、海外校外学習も含めるとほぼすべての教員が海外引率を経験している。このように多くの教員がかかわっていくことで、海外とのネットワークがさまざまなレベルで築かれ、継続していくことになるだろう。

## 2030年に向けたチェンジメーカーを育成

2014年から毎年、夏季休業中に実施してきた国際フィールドワークの参加者（延べで32名）の追跡調査では、フィールドワーク参加後、9名の参加者が高校時代に1年間、海外留学しており、そのうち8名はインドネシアに留学している。自身はフィールドワークに参加していないが、1年間、インドネシアをはじめ海外留学する生徒も増えている。多感な高校時代に現地に深くコミットすることで、環境問題をはじめとするグローバルイシューへの当事者意識、海外の人たちとのコミュニケーションに関する意識に変化が生じ、その友人たちにも影響をおよぼしていると考えられる。大学に入学してからも、インドネシアやカンボジアに「日本語パートナーズ」事業で日本語教師として渡航している卒業生、韓国やアメリカに留学する生徒など、高校卒業後も積極的に活動している様子が見られる。

現役高校生たちはSDGsの17の目標の達成期限とされている2030年に30歳前後となる。まさにこれから社会変革を起こすチェンジメーカーの中心世代である。だからこそ高校時代に国を越え、協働学習に取り組むことには意義があるし、そういった若者たちのネットワークが広がっていけば、かならずや平和で持続可能な世界が構築されると期待している。

今後とも本校は国立大学附属高校として、国内外にネットワークを築き、ステークホルダーをつなげ、皆がともに学びあう場を提供していく。そして、他者と主体的に協働し行動できる人材育成のためのプログラムを開発・提供し、学校現場から発信していきたいと考えている。

### DATA

**沿革**

| | |
|---|---|
| 1946 | 1町5ヶ村学校組合立 坂戸実務学校・坂戸実修女学校創立 |
| 1953 | 国立に移管、東京教育大学附属坂戸高等学校となる |
| 1978 | 筑波大学への移行にともない、名称が筑波大学附属坂戸高等学校となる |
| 1994 | 全国初の総合学科を開設する |
| 2004 | 国立大学法人筑波大学発足にともない、国立大学法人筑波大学附属坂戸高等学校となる |
| 2011 | ユネスコスクールに認定される |
| 2014 | スーパーグローバルハイスクール（SGH）指定校となる |
| 2017 | 国際バカロレア認定校となる |

**教育理念**

普通教育及び専門教育を総合的に施すことによって、社会の変化に対応しながら生涯を通じて学び続ける資質や能力を身につけさせ、社会の進展や科学技術の進歩に対応し、持続可能な社会の創造とその発展に貢献できる人間を育成する。

**主な行事**

コミュニケーションキャンプ（新入生対象）、カナダ海外校外学習（1年次）、国際フィールドワーク（インドネシア）


埼玉県坂戸市千代田1-24-1
☎049-281-1541
www.sakado-s.tsukuba.ac.jp/

研究事例／筑波大学附属小学校　東京都文京区

# 3つの拠点構想に基づいた先進的かつグローバルな教育を実践

「先導的教育拠点」「教師教育拠点」「国際教育拠点」という
3つの拠点構想に基づいたさまざまな教育・研究を実践する筑波大学附属小学校。
国内外から注目を集めるその取り組み内容を紹介する。

筑波大学では、11ある附属学校全体の中期目標のひとつとして「社会の要請に基づく、国際的視野をもった基礎学力の修得や生涯学習体系の基礎モデルとなる先導的な初等・中等教育拠点を形成する」を掲げている。そして、将来構想の基本方針として「先導的教育拠点」「教師教育拠点」「国際教育拠点」の3つの拠点構想を定めている。

筑波大学附属小学校では、この3つの拠点構想に基づいたさまざまな教育・研究活動を行い、その成果を国内外に発信している。

## 先導的教育拠点としての取り組み

### (一)初等教育に関する実践的研究

本校は、高等師範学校の附属小学校を前身とし、設立当初から初等教育の理論と実際について研究し、その成果を一般小学校教育の参考に供することを使命としている。また、つねに教育の実情や子どもの姿に対して問題意識を持ちながら、つぎの時代の初等教育のあり方を考え、改善のための具体的な方策について、実践を通した研究を進めている。

①校内研究、研究発表会

現在の校内研究のテーマは『「きめる」学び』である。これは、最近の子どもに見られる「学びに貪欲さがない」「柔軟でしなやかな発想が少ない」などの負の傾向を改善し、知的なたくましさを備えた子どもを育てるために、「きめる」をキーワードにして授業を見直すことを目的とした研究である。

本研究を通して育てたい子どもは「知的にたくましい子」である。それは、チャレンジする意欲、冒険心が旺盛で、柔軟でしなやかな発想ができ、自分の力で粘り強く納得できる答えを見つけようとする子どもである。

そもそも、子どもたちはいつもいろいろな活動のなかで、その瞬間、瞬間に、何かを決めながら活動している。「きめる」ことを積み重ね、まず「これはこうしよう」、ダメだったら「つぎはどうしようか」と立場や方法を決めながら進んでいくことが、みずからの学びや成長につながるのだ。そのため、子どもは本来、自分の考えや立場を決める必要性のある場面に追い込まれることで、その子なりの学びを得るのではないかと思われる。ところが、最近の子どもたちの生活に目を向けてみると、周りの大人がさまざまな情報を与えてくれたり、お膳立てをしてくれたりすることが多くなったような印象がある。また、情報を獲得する手段が増え、ほしい情報に容易にアクセスできるようにもなっている。

与えられすぎることにより、子どもたちは「立ち止まって考える」とか「自分と向き合う」ための貴重な時間を失ってしまっている。そして、自分で判断し、実行に移し、そこから学ぶという時間が十分取れなくなっている。その結果、自分で物事を決めることができない子や、逆によく考えずに安易に決めてしまう子、すぐに決めるが決めたことに責任を持たない子、決まるまでの手続きや時間を待てない子が増える傾向にある。さらに、そのような姿を見た大人が、子どもが自分の力で動き出すのを待つことができず、本来は子どもがみずからの手で獲得すべきものをさらに与えてしまったり、障害を取り払ったりすることにより、ますます子どもの力が育つ機会を奪ってしまうという悪循環を繰り返すこともあるようだ。

　そこで、本校はこれと同様のことが、学びの場でも行われているのではないかと推測。「自分の立場を決めるために、子どもは何をするのか」「決めた子どもはどのような動きを見せるのか」「その動きに対する他者の評価、自分の評価がどのように作用して成長していくのか」「動き出した結果をつぎにどのように生かしていくのか」「みんなで決めるための話し合いはどのように進めていけばよいのか」『きめる』過程において、情報スキルの質はどのように高まるのか」といった分析を行い、授業づくりに生かすための研究を行っている。

　この例のように、本校では目の前の子どもの実態からつぎの世代の教育改革の新しい視点として必要な切り口を考え、研究テーマを設定してきた。平成以降の本校の研究テーマを紹介すると、つぎのようになる。

・1990〜1992年
『子どもの感性が生きる授業』
・1993〜1996年
『学ぶ価値を見出し追究する活動』
・1997〜1999年
『自分づくりを支える教育課程』
・2000〜2003年
『子どもの豊かさに培う共生・共創の学び』
・2004〜2007年
『「子ども力」を高める』
・2008〜2011年
『「独創」の教育』
・2012〜2014年
『日本の初等教育、本当の問題点は何か』
・2015〜2018年
『「きめる」学び』

　研究の成果は、研究紀要にまとめ、毎年6月の研究発表会、2月の初等教育研修会において、延べ1万人の参加教員に向けて、公開授業とともに発信している。

②『教育研究』誌や単行本の発刊

　研究の成果については、研究紀要のほかに教育月刊誌『教育研究』を通して、広く全国に発信している。

　『教育研究』は日本で最初の教育雑誌（1904年4月創刊）であり、2018年10月号で通算1400号となった。その特集は、本校の研究テーマにかかわる内容に縛られず、学校現場が知りたいと思うものを取り上げ、研究者や実践者などさまざまな視点から幅広い考えをお寄せいただくようにしている。また、本校教員の研究発表や全国各地で活躍している先生方の実践紹介はもちろんのこと、各界の著名人へのインタビューや連載も掲載し、小学校教育のあり方を考える情報を提供している。

　さらに、研究の節目には研究紀要や『教育研究』とは別に、単行本の発刊にも取り組んでいる。書籍の出版は学校全体でまとめたものに留まらず、各教科の研究部ごと、さらには個人の研究ごとにもなされており、情報発信源は多岐にわたっている。

③ICT環境の整備

　先進的な授業環境を実現するため、ICT機器の整備にも積極的に取り組んでいる。すべての普通教室には、黒板の上に可動式の短焦点プロジェクターとスクリーンが設置してあり、PCや実物投影機などとすぐに接続

『教育研究』1400号の表紙と筑波大学附属小学校著の『独創の教育』の表紙

できるようになっている。
また、企業とも提携し、未来の教室プロジェクトとして理科室とICT教室には、タブレット型PCやデジタルペン、複数のプロジェクターなどを導入し、教科・領域の特性を生かしたICT機器の活用方法についての研究も深めている。その成果は東京

ICT教室は3面にホワイトボードがあり、5台のプロジェクターが常設されている。また、理科室には前面に3台のプロジェクターから投影できるようになっている

ファッションタウンビルで行われる「NEW EDUCATION EXPO」などでも発表している。

## 国内外の教師教育拠点としての取り組み

### (1)筑波大学との連携

筑波大学の初等教育学コースを履修している学生の教育実習だけではなく、学生に対する講義を本校教員18名が兼任で担当し、講義による理論と現場実習を同じ価値観で実施している。このシステムは、ほかに類を見ない大きな特徴といえる。また現在、このコースの学生の卒業後も支援する制度をつくっており、新任教員育成にもさらに尽力していきたいと考えている。

### (2)筑波大学教員免許更新講座

教員免許更新講座も、本校教員が毎年担当している。実際に授業を公開して、それをもとに講義を行うという実践演習は人気が高く、講座の定員はすぐに満席となっている。

### (3)国内からの視察、内地留学、講師派遣要請

国内の各都道府県からの視察や内地留学教員の研修の受け入れも積極的に行っている。普段の授業や学校生活の様子を実際にご覧いただき、授業づくりや子どもへの接し方などについて説明をしながら、本校の取り組みや考え方を伝えている。研修制度はそれぞれの地域によって異なり、研修期間も、1年単位から1週間単位、1日単位とさまざまである。また、全国各地からの講師派遣要請も多く、校内研、各市町村の研究会、県や地方の研究大会などにおいて授業や講演などに出かけることもある。

### (4)海外からの視察、教員研修

日本国内のみならず、諸外国(アメリカ、中南米、東南アジア、アフリカ、中国、台湾など)からの視察や研修もある。その内容は教科教育はもちろんのこと、給食指導のようなものまで多岐にわたる。

また、JICA(国際協力機構)からの要請により、中南米や東南アジア、アフリカなどに専門員として数日~2週間程度赴き、現地の子どもを対象とした授業を行ったり、教科書などの編修に助言したりする活動も行っている。

韓国やデンマークとは正式に提携を結んでいて、日韓授業交流会はすでに10年継続している。本校教員が韓国の3都市を訪れ、現地の子どもたちとの授業研究会を行っている。デンマークを中心とする北欧でも授業研究会を開催しており、こちらはすでに4年間行っている。近年、スウェーデン、スイスなどからもあらたに依頼がきており、広がりを見せている。

## 国際教育拠点

### (1)筑波大学留学生との交流会

筑波大学の留学生との交流会を毎年2回、3年生と4年生で実施している。各クラスに10名を目安として4人グループに1人の留学生が入る。そして、つぎのような英語でのやりとりを通して、仲良くなる。

①校長室にゲストを迎えに行き、簡単な自己紹介と学校案内　教室・特別教室などへ案内する

Hello, welcome to
Tsukuba Fuzoku
elementary school.
I'm Miki. Nice to meet you.

②留学生の国のあいさつを尋ねる

How do you say "Hello"
in your country?

③英語を使ったGuessing game

④ポスターを使って自己紹介活動

Hello, I'm Taro.
I'm 10 years old.
I live in Shibuya. I like
baseball. I don't like...

⑤留学生のプレゼンテーションを聞く場面

⑥日本の文化(遊び)紹介(けん玉、福笑い、おはじき、書道、お手玉、おはじきなど)

(2)アメリカ西海岸、ハワイでの研修

春休みには新5年生を対象にカリフォルニア州立大学バークレー校やサンフランシスコの現地小学校の協力のもと、日米児童交流会を行っている。これは今年で7回目となる。

また、昨年から筑波大学がハワイ大学と提携したことを受けて、ハワイ大学附属小学校との交流活動をはじめた。4年生の児童が夏休みに10日間ハワイに出かけて大学のSTEMSプログラムを体験したり、附属小学校だけではなくワイキキの現地小学校とも交流活動を行い、グローバル素養を身につけることに取り組んでいる。

サンフランシスコ研修の集合写真

## DATA

**沿革**

| | |
|---|---|
| 1873 | 東京都神田宮本町、旧昌平黌跡に、東京師範学校の附属小学校として設立 |
| 1886 | 高等師範学校と改称 |
| 1888 | 附属学校と改称し、小学科の外に尋常中学科を置く |
| 1896 | 尋常中学科を分離。小学科を附属小学校と改称 |
| 1902 | 東京高等師範学校附属小学校と改称 |
| 1904 | 第3部を小石川区大塚窪町の新校舎に移転 |
| 1909 | 第1部、第2部を小石川区大塚窪町校舎に移転 |
| 1931 | 田園教場を中村橋に開設 |
| 1937 | 田園教場を北多摩郡保谷町に移転 |
| 1941 | 東京高等師範学校附属国民学校と改称 |
| 1949 | 東京教育大学附属小学校と改称 |
| 1958 | 山梨県北巨摩郡高根町清里に若桐寮を開設 |
| 1978 | 東京教育大学閉学。筑波大学附属小学校と改称 |

**教育理念**

人間としての自覚を深めていく子ども
文化を継承し創造し開発する子ども
国民的自覚をもつ子ども
健康で活動力のある子ども

東京都文京区大塚3-29-1
☎03-3946-1391
www.elementary-s.tsukuba.ac.jp/

研究事例／お茶の水女子大学附属学校園　東京都文京区

# 「オールお茶の水」で取り組む附属校園に共通する理念とゆるやかな連携

お茶の水女子大学附属学校園は大学まで含めた「オールお茶の水」の精神で、学校園それぞれの特徴を生かしながら、学び手の主体性を生かすという共通の理念を持って教育研究に取り組んでいる。そして、これからの社会に生きる幼児・児童・生徒を育て、その研究結果を社会に還元することを使命としている。

## 附属幼稚園の研究

幼稚園では、一人ひとりの幼児が自分でやりたいことを見つけ、自分から人やもの、環境にかかわって遊びに取り組んでいくことを大切にしている。幼児期の生活の中心は遊ぶことにあり、自分が興味を持ったことに、じっくりと探求的にかかわる遊びの体験を積み重ねることが人間形成の基礎となる。教師が一人ひとりの子どもにとって信頼できる大人になるよう心がけ、子どもたちが安心感を持って、人やもの、世界とのかかわりを広げていくことが、小学校以降の子どもの育ちにつながっていくと考える。

本園では、2001年度～2003年度に幼小が連携して「関わり合って学ぶ力を育成する教育内容・方法の開発」をテーマに、2005年度～2007年度には幼小中が連携して「協働して学びを生み出す子どもを育てる」をテーマに研究開発に取り組んだ。今年度からは幼児期以降を見通して連携研究を行った実績を生かし、「幼児の発達と学びの連続性を踏まえた幼稚園の教育課程（3歳児～5歳児）の編成及び保育の実際とその評価の在り方についての研究開発」（文部科学省より研究開発学校の指定：2018年度から4年間）に取り組んでいる。この研究開発では、学内保育施設「いずみナーサリー」および文京区立お茶の水女子大学こども園・幼稚園の3つの乳幼児教育施設が同一キャンパス内にあるという特色を生かし、0歳児からの発達を踏まえ、2歳児から3歳児への教育的な接続に焦点を置いたモデルの作成、あらたな3歳児～5歳児の教育課程の編成を目指している。入園以前の幼児のさまざまに異なる生活経験に目を向け、一人ひとりの幼児の育ちを捉えていく今後の研究では、文京区との連携など、社会とつながりを太くし、さまざまな園や施設などで、活用されるような地域に開かれた教育課程を発信していきたい。

遊びのなかで興味を持ったことに向き合う

## 附属小学校の研究 ――「てつがく」

小学校では2015年度より4年間、『道

徳の時間』と他教科の関連をはかり、教育課程全体で、人間性・道徳性と思考力とを関連づけて育む研究開発を行う。そのために、自明と思われる価値やことがらを、「対話」や「記述」などの多様な言語活動を通して問い直し考える新教科「てつがく」を創設する】という研究開発課題で、文部科学省研究開発学校の指定を受け、新教科「てつがく」の創設を中心として、人間性・道徳性と思考力とを関連づけて両面を育成する教育課程の編成に取り組んできた。

新教科「てつがく」は、子どもたちが生活とかかわるさまざまな事象や概念と向き合い、その意味や価値について〝問い〟を持ち、「対話」「記述」などを通してたがいの考えを聴き合い、みずから問い直し考えつづけて、みずからの考えを広げたり深めたりしていくという学びである。新教科「てつがく」では、以下の目標を設定し、3年生以上で、週1コマ時間割に位置づけ、さらに、朝の時間にも「てつがく」の時間をとることで、年間55時間を確保している。

サークルになって対話する子どもたち

また、新教科「てつがく」では「考える価値の例」を授業で取り上げているが、特別の教科「道徳」に見られるような価値内容の系統的な指導は志向していない。問いを追究するなかで、価値内容に触れながら思考していく過程を重視している。教師も子どももさまざまなことを問い直し、思考しつづけていくためには、対話空間を大切にし〝てつがくすること〟ができる学びの場をつくっていく必要がある。〝てつがくすること〟は、学ぶ意味を問い直し、あらためて自己の学びと向き合いメタ認知することにつながるものであり、「深い学び」を生むためにも、どの教科でも大切にすべきものである。そのために私たちは〝てつがくすること〟を軸にして各教科の連関をはかる教育課程を編成してきた。なお、対話空間の設定などは、幼稚園との連携活動から生み出されてきた手法であり、今後、これらの研究成果について発信していきたい。

## 附属中学校の研究
### ——コミュニケーション・デザイン科（CD科）

中学校では「自主自律の精神を持ち、広い視野に立って行動する生徒を育成する」ことを目標として多様な教育活動を行っている。生徒は生徒祭や体育大会などの行事を企画し運営するとともに、3年間の「自主研究」の時間ではみずからの関心に基づいて研究課題を設定し追究するという経験をする。また、40周年を迎える帰国生徒教育学級の存在により、多様な考え、異なる価値観を表出し共有する機会を得ている。

1、2年生では「マインドマップ（1年）」「KJ法（2年）」「アサーション（1年）」「写真の撮り方（1年）」「PR動画づくり（2年）」などの基礎事項を習得するワー

震災復興プロジェクト「復興米を東京に広める」のプレゼン

クショップ型の「CD基礎」の授業を多く設定し、2、3年では徐々に、プロジェクト型の「CD活用」を増やしていく。「CD活用」では、インタビュー活動を行い生徒祭で発表した「お茶中の○○を紹介しよう」（1年）、訪問学習やディベートを行った「いのち〜動物のいのち、震災復興、国際協力〜」（2年）、支援プロジェクトをみずから企画した「震災復興を考える」（3年）などの例がある。生徒たちはこれらの学習に意欲的に取り組み、効果的に相手に伝え発信することを意識できるようになってきている。また教員自身も、協働的な課題解決の場面を教科のなかに意識して取り入れ、ICTやホワイトボードなどさまざまな可視化の道具の導入に積極的になった。協働的・対話的な態度は、小学校時代から重視してきたもので、これらの研究成果については社会に発信していきたい。

## 附属高等学校の研究

高等学校は社会に有為な女性を育てることを教育方針としてきた。それを実現するカリキュラムの開発を目指してさまざまな研究開発に取り組むとともに、お茶の水女子大学の附属学校として高大接続改革に資する連携研究のほか、附属学校園とも連携して、子どもの長期的な発達への見通しを踏まえた教育研究に取り組んできた。

また、理数教育推進委員会を設置し、長年にわたって女子に対する理数教育に関する実践的研究にも取り組み、2015年からはお茶の水女子大学と奈良女子大学が設置した理系女性教育開発共同機構と連携して研究を深化させている。これらの研究成果は、毎年8月に実施している中学生向け理数一日体験授業などの形で発信している。

2014年には文部科学省よりスーパーグローバルハイスクール（SGH）に指定され、たしかな基礎学力と広い教養を身につけ、グローバルな諸課題に高い関心を持ち、課題発見力、課題解決力の高い女性人材を育成するためのカリキュラム開発に取り組んできた。

SGH成果発表会の様子

概要は次頁の図の通りで、高校3年間を通じてグローバルな諸課題をテーマとする探究的な学習を行い、教養教育の充実をはかっていこうというのがカリキュラムづくりにあたっての骨子。思考力テストの結果や成果発表会を参観された外部の先生方からは高い評価を得た。あらためてこのカリキュラムにより生徒の資質・能力を向上させることができていると考えている。

なお、1年次5月実施の「グローバル地理」のフィールドワークでは、本学附属中学校から入学してきた生徒の主体的な言動に、ほかの中学校から入学してきた生徒が刺激を受けたと語ることが多いように見受けられる。附属中学校からの教育成果が端的にあらわれている事例であり、多くの生徒がSGHカリキュラムの中核である探究的な学習に主体的に取り組む雰囲気をつくるひとつの要因となっている。

私たちは、こうした生徒の主体的な探究をより質の高い学習にしていくため、グローバルな諸課題に関する学習を通して視野を広げること、正しい情報に基づいて考えること、フィールドワークや文献調査等の探究的な学習の基礎的な技能やルールを身につけることを重視している。

2018年度でSGHの指定は終了するが、今後も生徒の主体性を尊重しつつ、質の高い探究的な学習を通して、グローバルに活躍する人材を育成するカリキュラムの開発をつづけ、その成果を発信していきたい。

［お茶の水女子大学附属高校のSGHカリキュラム］

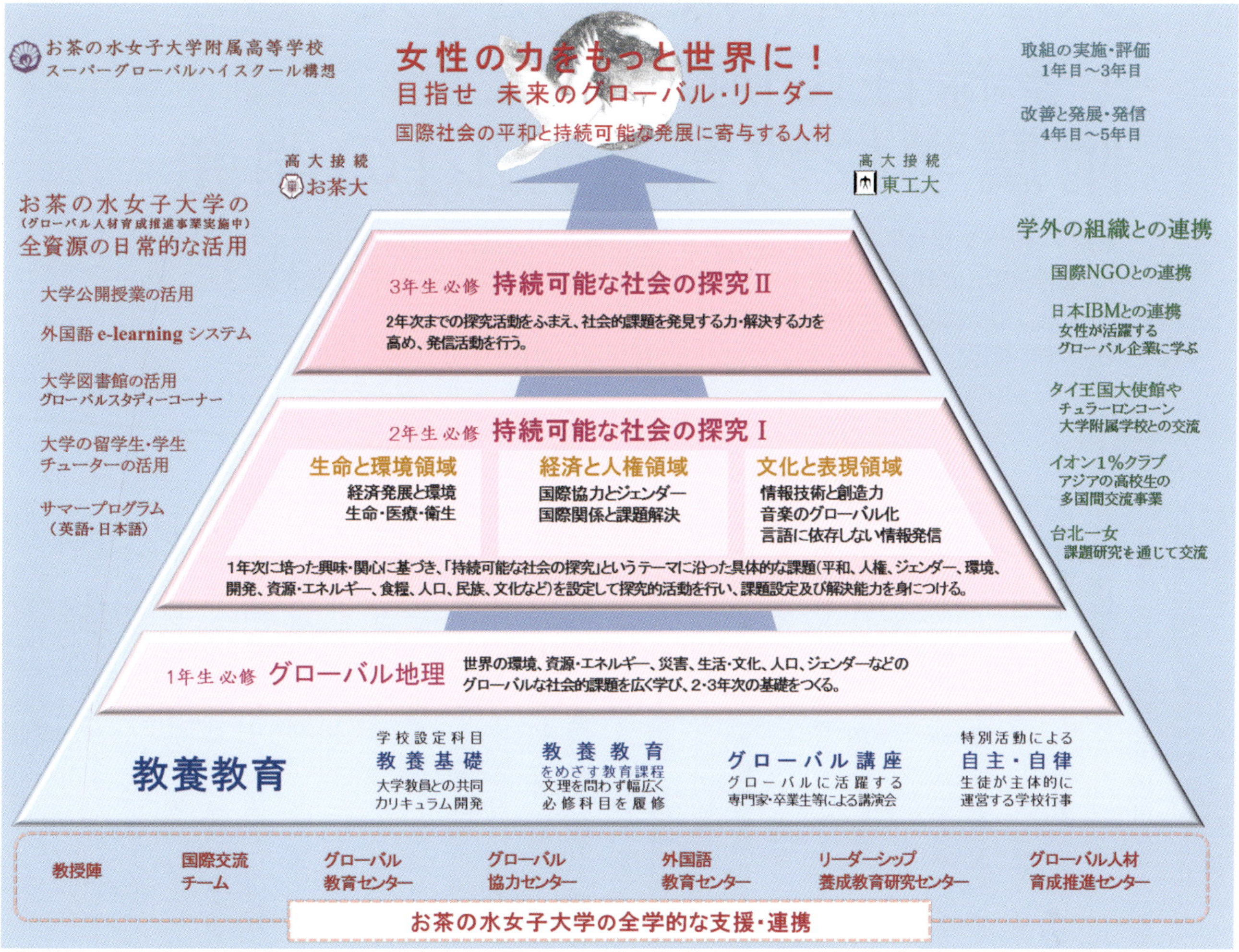


## DATA

**沿革**

1876　附属幼稚園創立（日本で最初の官立の幼稚園）
1878　附属小学校創立
1882　附属高等学校創立
1947　附属中学校創立
1978　小学校に帰国児童教育学級を設置
1979　中学校に帰国生徒教育学級を設置
2004　大学の独立法人化にともない、国立大学法人お茶の水女子大学法人附属学校園となる

**教育理念**

教育の柱は「自主的にものごとに取り組み、自分の考えをもち、他者との協力関係をきずくことのできる幼児・児童・生徒の育成」。研究の柱は「乳幼児から青年期までの教育を人間発達の観点からとらえてカリキュラム開発を行い、各校園の連携のもとに実践・研究をすすめ、その教育効果を評価すること」。

**主な行事**

・運動会、体育大会、体育祭（各校園）
・音楽会（小学校）、合唱コンクール（中学校）
・ダンスコンクール（高校）
・生徒祭（中学校）、文化祭（高校）
・林間学校、修学旅行、宿泊学習、郊外園活動、フィールドワークなど

東京都文京区大塚2-1-1
☎03-5978-5851（附属学校部）
www.fz.ocha.ac.jp/

研究事例／東京学芸大学附属竹早中学校　東京都文京区

# 大学・自治体と連携した「多様性に開かれた附属学校教育モデル」の開発

東京学芸大学附属竹早中学校は、東京学芸大学が自治体と連携して進める「附属学校等と協働した教員養成系大学による『経済的に困難な家庭状況にある児童・生徒』へのパッケージ型支援に関する調査研究プロジェクト」に参画し、「子どもの貧困」への対策とそれにともなう「多様性理解教育の実践」に取り組んでいる。

## 研究の背景と目的

家庭の経済的格差にともなう「子どもの貧困」問題が深刻化している。経済的な理由による進路選択や学習機会の制約は、学力や学歴の格差、ひいては貧困の連鎖につながる可能性が指摘されており、経済的に困難な家庭状況にある子どもの教育支援方策の開発が喫緊の課題となっている。

こうした背景を受けて、本校は東京学芸大学が自治体および附属学校と連携して進める「附属学校等と協働した教員養成系大学による『経済的に困難な家庭状況にある児童・生徒』へのパッケージ型支援に関する調査研究プロジェクト」（次頁の囲み記事と図を参照）に参画し、その一環として経済的困難な家庭状況にある児童の主体的な進路選択を支援する「特別連絡進学制度」の開発と、進学後の「校内支援体制」や「多様性理解教育の実践」の開発に取り組んでいる。その目的は「多様性に開かれた附属学校教育モデル」を開発し、ほかの附属学校や公立学校に普及・還元することである。

研究にあたっては拠り所となるモデルが存在しなかったため、連絡進学で入学した生徒やその家庭、および実施された個々の教育支援を事例とし、モデルを構築していくという方法を採用することにした。

今年度より、連携自治体から4人の生徒が入学し、研究が本格的に始動している。現在は連絡進学によって入学した生徒の学習や生活状況のデータを多面的に収集しているところである。

## 研究の内容

### (一)特別連絡進学制度の開発

「特別連絡進学制度」は、大学と自治体が連携して行う「学習支援」を受けた児童を、通常とは異なる枠で受け入れる制度である。

「学習支援」は、連携自治体に住む経済的な条件を満たす家庭の小学校6年生の希望者から選ばれた児童を対象に行われる。週1回の東京学芸大学の学生によるタブレット端末を活用したオンライン学習支援と、月1回の学生、大学教員、附属学校教員による対面学習支援からなり、本校教員も対面学習の一部を担当している。

「特別連絡進学制度」は、こうした「学習支援」を受けた児童のうち、本校への進学を希望する児童から最大4名を選抜し、受け入れる制度である。「学習支援」は、個々の児童の学習状況に応じた支援を目的としているため、本校の受験を前提としていない。あくまで、本校の受験は主体的な進路選択のひとつとして位置づけられている。

今年度の選抜では、一般受験者と同様に一般入試を受験してもらい、その結果に基づいて特別連絡進学制度の枠で受け入れるという方法をとった。このような方法に至るまでには、たとえば「一般入試とは別の入試方法を行った方がよいのではないか」など、さまざまな議論が校内で重ねられたが、最終的には先述したような本校の既存の入試方法を生かし、本校の基準に則して選抜を行うという形で落ち着いた。あくまでも通常の一般入試とし、竹早中が求める「主体性のある」生徒として適性があるかという視点で選抜が行われた。

一方で大学と連携自治体との間では「選抜について、大学と連携自治体は関与するのか」「連絡進学について役割分担をどうするのか」といった議論もあった。

ともあれ、この制度もまだまだ発展途上である。「学習支援」からはじまり、それと連動して行われる連絡進学がより良いものになるためには何が必要なのか。今年度入学の生徒の事例から、それを探り、フィードバックしながら、大学と自治体と協働して研究開発を進めることが今後の課題である。

［プロジェクトの全体像］

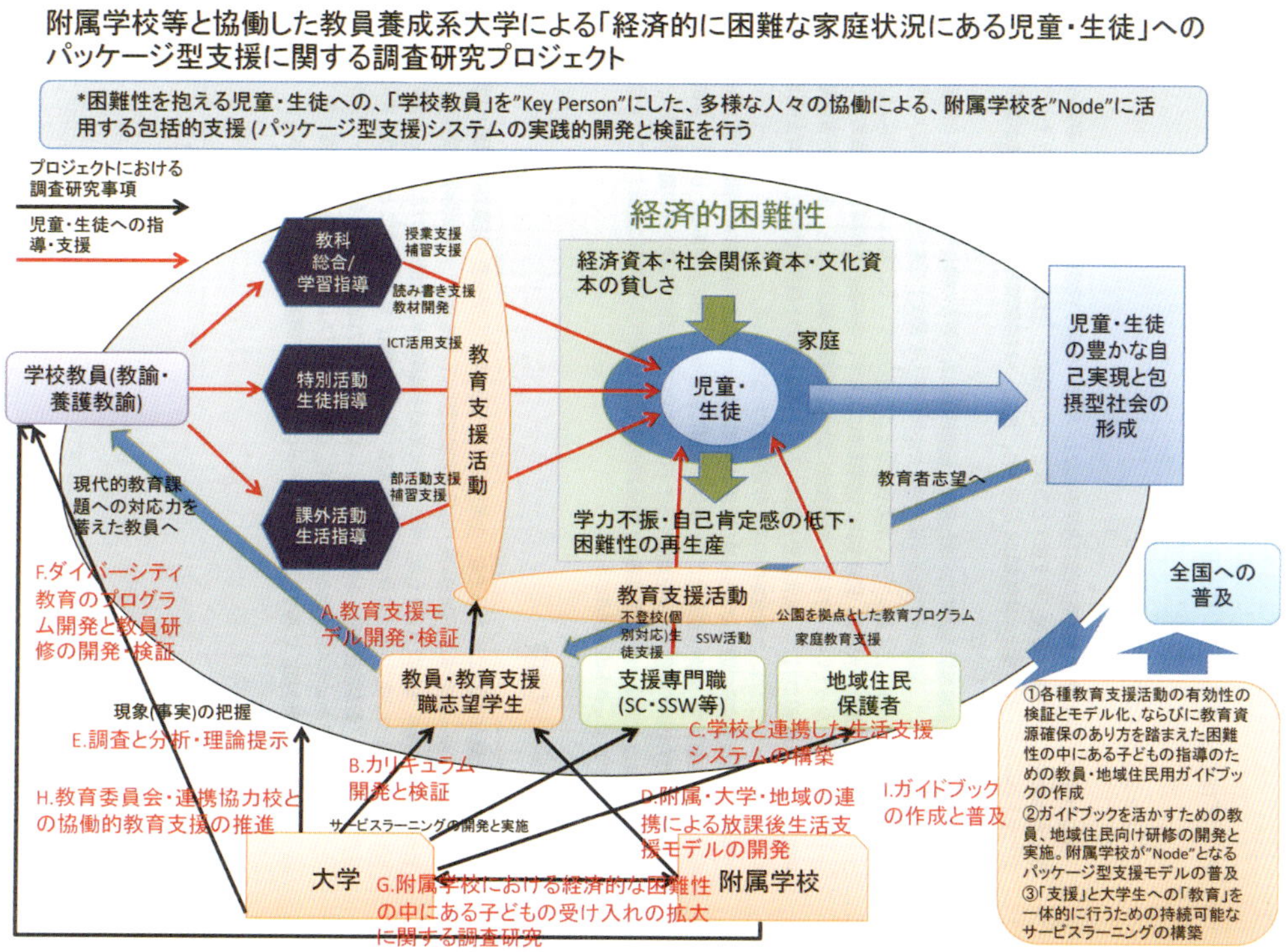


東京学芸大学では2015年度より、文部科学省特別経費「大学の特性を生かした多様な学術機能の充実」事業として「附属学校と協働した教員養成系大学による『経済的に困難な家庭状況にある児童・生徒』へのパッケージ型支援に関する調査研究プロジェクト」に取り組んでいる。本プロジェクトは、大学内の児童・生徒支援連携センター（CCSS）を中心に進められ、教員養成系の国立大学法人並びにその附属学校が拠点となって「経済的に困難な状況にある児童・生徒」を支援する方策の開発を行うとともに、その取り組みが学生にとって教育支援体験となり、さらにカリキュラム化することにより、教員養成の質保障につなげることを目指している。また、これらの取り組みが人材の循環的な育成に資するものとなることも目的としている。こうした活動の成果は、フォーラムの開催や通信の発行により随時発信されている。

## （2）校内支援体制の開発

経済的に困難な家庭状況にあり、またこの連絡進学で入学した生徒が学校生活を送るなかで、何が問題となり、どのような支援が必要なのか。さっそく、「特別連絡進学制度」で入学した生徒のための「校内支援体制」をつくった。

経済的な面については、必要な費用が事前に想定でき、プロジェクトに参画している組織から一部支援の見通しもあったため、事前の体制づくりを行うことができた。一方、学習面や生活面、精神面など、学校生活において想定される問題については、さまざまな観点から話し合い、事前にできることを考えてきた。とくに、ほかの生徒とのかかわりに関する懸念事項も多く、議論を重ねてきた。しかし、初年度ということで、そうした問題が具体的にどういう文脈で、どのような出方をするのか、またそのほかにもどういったことが問題になるのかが見えず、具体的な策を事前に見出すまでにはいたらなかった。

現在は彼らが学校生活を送るなかで何が問題になるかを探り、支援をどうするかという方針のもと、データの収集を行っている。本人へのインタビューによる生活状況の把握、保護者との定期的な連絡による家庭での様子の把握、さらに担任や教科担当による生徒の記録の蓄積などである。そして、こうした多面的なデータから、問題になり得る事柄をいちはやく捉え、問題を未然に防ぐよう生徒指導や支援体制の構築に努めている。

　現在、連絡進学で入学した生徒は、学習や部活、行事に積極的に取り組み、充実した学

### ［研究推進体制と主な連携協力内容］

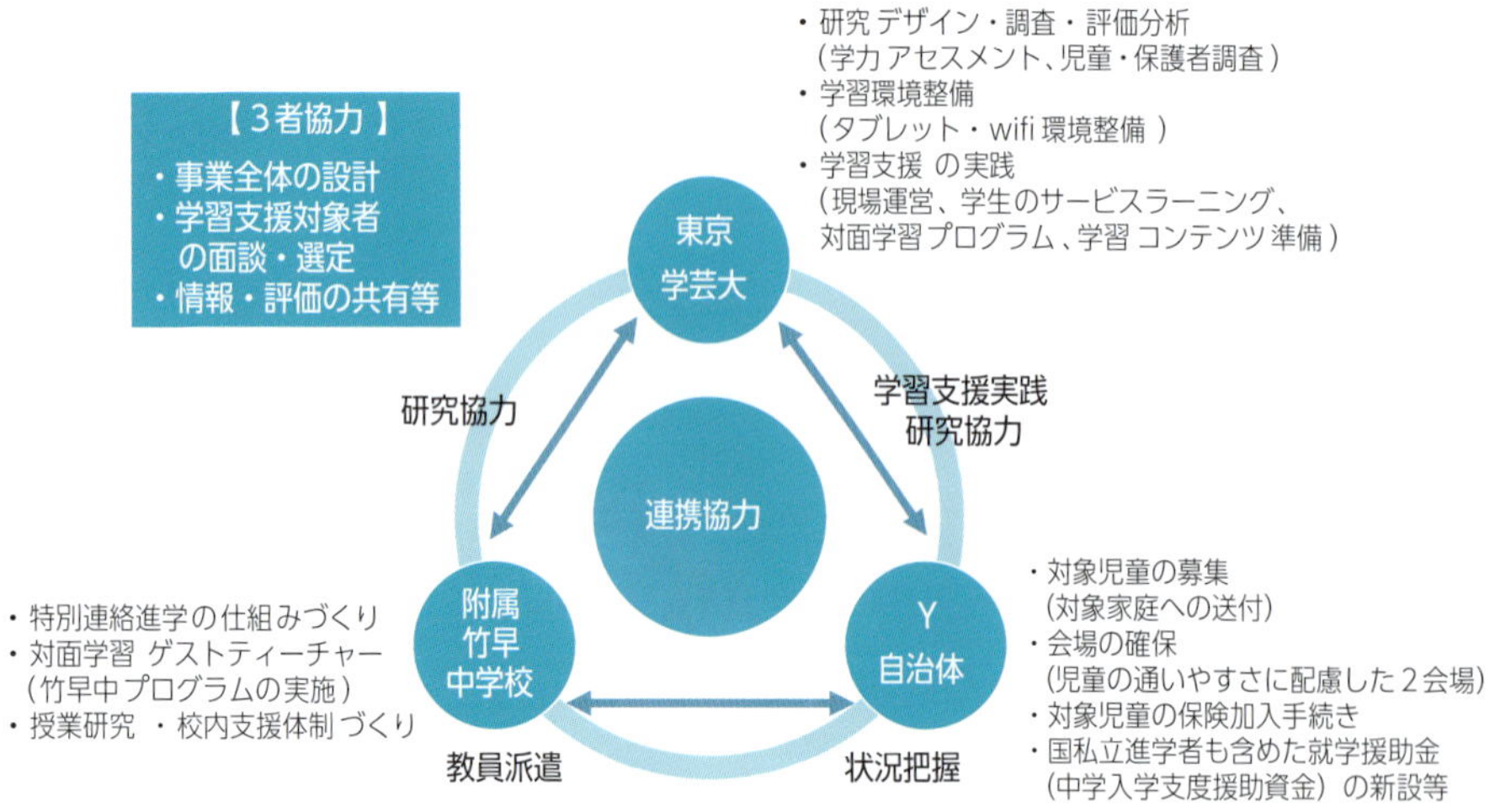


校生活を送っている。しかし、来年度以降、毎年、同様の形で生徒が入学してくることを考えると、今年度起こらなかった問題があらたに浮かび上がってくることは十分に考えられる。そうした多様な問題に迅速に対応するためにも、生徒の生活状況や支援に関する事例の蓄積は重要となる。
　そして、今年度入学した生徒が、高校進学までの一通りの過程を終えるとき、蓄積したその事例をもとに、中学3年間を見通した校内支援体制のモデルを提案できると考えている。

### （3）多様性理解教育の実践の開発

　竹早中学校は、もともと多様性の上に成り立っている。たとえば、附属竹早小学校と附属大泉小学校から進学してくる生徒、外部の小学校から進学してくる生徒と、出身小学校は多様であり、その出身地も1都3県にまたがる。また、生徒の半分が卒業する竹早小学校では、小学校1年生から6年生までの縦割り班活動を伝統的に行っており、竹早小学校出身の生徒は、異学年の多様性のなかで育ってきている。さらに、幼稚園と小学校、中学校がひとつの敷地のなかにある竹早地区では、長く幼小中連携教育研究に取り組んでおり、これを土台として、異校種の交流や合同授業を盛んに行い、多様な子どもと多様な学校文化のなかでより良い連携教育をどのようにつくっていくかを研究してきた伝統もある。

　このような土壌をさらに深化させ、支援としての役割も踏まえながら、本校では「多様性理解教育の実践」を推進している。そのねらいはますます多様化、複雑化するこれからの社会において、多様性を理解し、包摂的な社会を創造する態度を養うことだ。プロジェクトの一環だから経済的多様性の理解を深めればよいという狭い考えではなく、多様性そのものを理解し、どのように生き、どのような社会をつくっていくかを主体的に考える生徒を育てるという大きな視野に立ったものである。

　実践の開発は、一昨年度からはじまり、これまで経済的多様性に焦点を当てた家庭科と社会科の教科横断的実践、道徳、保健体育科の実践を開発してきた。家庭科と社会科の実践では、社会科において相対的貧困の観点から日本の貧困の現状を学習した後、家庭科において100円で朝食をつくる意義を考え、献立をつくった。

　その結果、生徒からは「私たちがこうして贅沢に食事ができている理由についても、考えなければいけないことが多くあると思いました。世の中に貧困に苦しむ人がいるということを考えると、一食分にかけるお金についても考えなくてはいけないと実感しました」といった学習感想が見られた。この実践を通して、多くの生徒が貧困に対する認識を深め、自分の生活を振り返ることができたようだ。

　今年度はこうした成果を踏まえ、経済的多様性にかぎらず、文化や言語、個性などのさまざまな多様性にも目を向けて実践の開発に

取り組んでいる。これは多様性をより豊かに育むうえで重要と考えるからだ。今後の課題は、この成果をもとにさまざまな教科で実践を開発、蓄積し、多様性理解に関する力を教科横断的に養うカリキュラムをつくることである。

### (4)教員に開かれた附属学校モデルの可能性

本プロジェクトの一環で、今年度より連携自治体の公立中学校から教員1名が本校に派遣されている。これには連携自治体を知る教員が本研究にかかわることで研究が推進されるといったねらいと、公立中学校の教員が附属学校での授業研究を通して授業力を伸ばす、附属学校の学校運営を学ぶといった教員研修としてのねらいがある。実際、本校に派遣された教員は、先に述べたデータ収集をはじめとする研究活動に従事しながらも、6月には研究授業を行うなど授業研究にも積極的に取り組み、「授業を振り返る視点が増え、また明確になった。同時に、授業のつくり方も大きく変わった」と1学期を振り返っている。

教員研修の場や地域の「拠点校」としての役割が附属学校に求められているが、教員研修の観点からも研究を進め、子どもだけでなく、教員にとっても開かれた「附属学校教育モデル」の開発を目指していきたい。

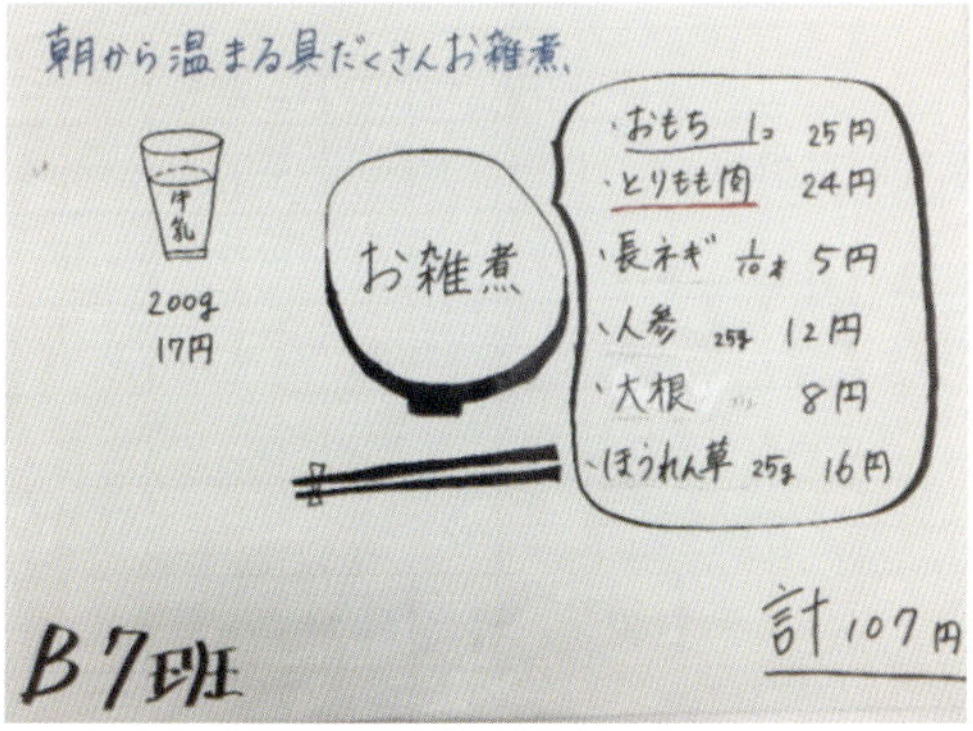

上／貧困の現状を学習した後に家庭科の授業で作成した100円の朝食の献立　左下／校舎外観　右下／授業風景

## 多様性と開かれた学校づくりを目指す

この取り組みが本格的に始動してから4カ月あまりが経つ。その間、本校に入学した生徒は前向きに学習に励み、積極的に部活動や行事に参加し、日々の学校生活を楽しんですごしている。また、6月には連携自治体で実施している「学習支援」を参観する機会を得て、6年生が一つひとつの問題を懸命に考えたり、問題ができたときに達成感を覚えたりする姿を目の当たりにすることもできた。

こうした子どもたちの姿を見ると、あらためてこの取り組みの意義の深さを実感する。また同時に、どのような環境で育つ子どもでも自身の可能性を広げ、より豊かで輝かしい未来を切り開くことができるという確信を抱くこともできた。全国の附属学校や公立学校に普及・還元できる「多様性に開かれた附属学校教育モデル」の開発への思いをより一層強くするところである。

## DATA

**沿革**

| | |
|---|---|
| 1947 | 東京第一師範学校女子部附属中学校および東京第二師範学校女子部附属中学校を創設 |
| 1951 | 校名をそれぞれ東京学芸大学学芸学部附属竹早中学校および東京学芸大学学芸学部附属追分中学校と改称 |
| 1954 | 両校を東京学芸大学学芸学部附属竹早中学校校舎に統合 |
| 1955 | 統合した校名を正式に東京学芸大学学芸学部附属中学校とする |
| 1960 | 東京学芸大学学芸学部附属竹早中学校と改称 |
| 1966 | 東京学芸大学教育学部附属竹早中学校と改称 |
| 1999 | 附属竹早小学校と一体型の新校舎落成 |
| 2004 | 国立大学の法人化にともない、東京学芸大学附属竹早中学校と改称 |

**教育理念**

将来の国際社会を担っていくこどもたちが、真理と正義を愛し、平和で文化的な社会を形成できるよう、個人の尊厳を重んじ、個性豊かで自主的精神に充ちた人間の育成をめざしている。

**主な行事**

5月校外学習、9月運動会、11月文化研究発表会

東京都文京区小石川4-2-1
☎03-3816-8601
www.u-gakugei.ac.jp/~takechu/

※引用文献……『附属学校等と協働した教員養成系大学による「経済的に困難な家庭状況にある児童・生徒」へのパッケージ型支援に関する調査研究プロジェクト 平成二十九年度報告書』（東京学芸大学パッケージ型支援プロジェクト）

研究事例／**京都教育大学附属桃山小学校** 京都府京都市

# 歴史の香りが漂う地域から「未来型授業」を提案・発信！

京都教育大学附属桃山小学校は、伏見城の城下町があった地区に立地している。
伏見城といえば豊臣秀吉が亡くなり、徳川家康が征夷大将軍の宣下を受けた場所である。
また、幕末に活躍した坂本竜馬が襲撃された寺田屋があるのも、
戊辰戦争の初戦である鳥羽・伏見の戦いの火ぶたが切って落とされたのもここ伏見である。
この歴史の香りが漂う地域から、京都教育大学附属桃山小学校は新しい教育のあり方を発信している。

## 「21世紀型情報活用能力」の育成

本校が情報教育を中核とする新教科創設の研究にいたった背景には、加速する社会の情報化、知識基盤社会化がある。情報通信技術の発達により、大量の情報が不断に生産・蓄積・伝播されるとともに、コンピュータなどの情報通信機器が広く普及することで、人々は氾濫する情報にさらされながら生活を送っている。このような時代に生きる子どもたちは日々、大量に生産・消費される情報に触れているが、それゆえに情報の価値や信憑性、あるいはそれらを取り扱うメディアへの意識を高めていかなければならない。

そもそも、現行の小学校学習指導要領（2008年改訂）には、総則において情報機器の利活用や情報教育の充実が明記されている。現在はこの項目を足場に、各教科・領域において情報にかかわる活動が行われているが、情報やメディアに関する体系的なカリキュラムは存在せず、各担任の技量や学校の設備にかかわってくるところが大きい。これらのことを踏まえると、小学校においても「情報活用能力」を育成するための中核となる「教科」を設置していく必要があると考え、新教科の開発・試行に取り組むことにした。

## 新教科「メディア・コミュニケーション科」

本校は4年間にわたって文部科学省研究開発指定を受け、小学校課程における情報教育を核とする新教科「メディア・コミュニケーション科」を創設した。また、それとともに指導内容およびその方法について、実践を通した研究を実施した。なお、2020年まで国立教育政策研究所の教育課程特例措置指定も受けている。

京都教育大学附属桃山小学校の校舎

## メディアとコミュニケーションの目標

新設したメディア・コミュニケーション科の目標は、文部科学省が示した情報活用能力の育成のあり方、そして子どもの学びに主眼を置いた本校の教育理念に鑑み、つぎのように設定した。

「社会生活の中から生まれる疑問や課題に対し、メディアの特性を理解したうえで情報を収集し、批判的に読み解き、整理しながら自らの考えを構築し、相手を意識しながら発信できる能力と、考えを伝えあい・深めあおうとする態度を育てる」

そして、子どもたちの学習スタイルを確立するため、本校の教師たちは以下の3点を基本方針とし、指導にあたることとした。

①「21世紀型情報活用能力の育成」をはかること
②メディアとコミュニケーションを一体とし

「メディア・コミュニケーション科」の授業風景

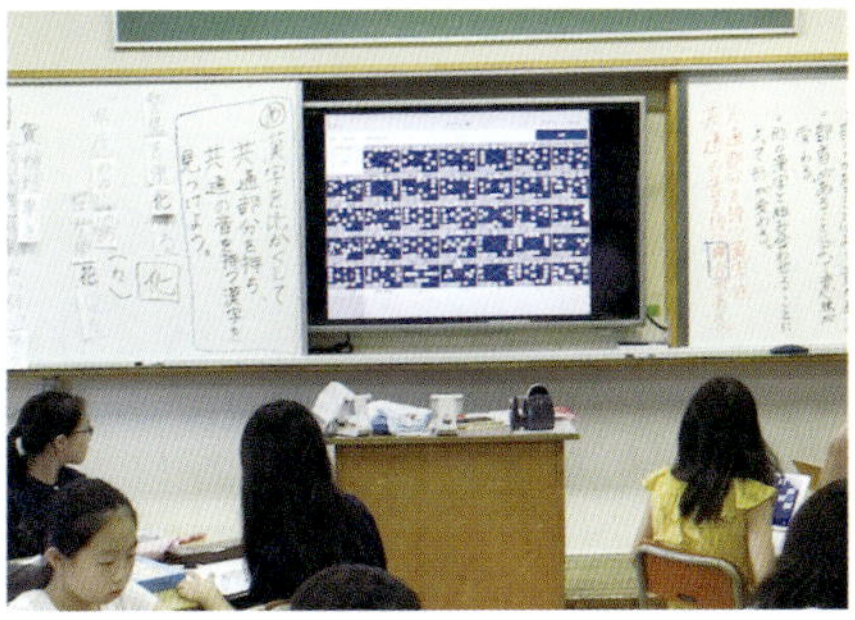

た指導を行うこと

③課題解決を主体とした指導を行うこと

　このように本校ではメディア・コミュニケーション科において、「21世紀型情報活用能力」の育成を教科の基本方針とすることにした。この21世紀型情報活用能力とは現在、文部科学省によって定義される情報活用能力をさらに発展させたものであり、その定義は以下の5点に集約される。

①メディアを通して相手を意識する力
（相手の存在を意識し、その立場や状況を考える力）

②メディアを選ぶ力
（メディアの持つ特性を理解し、必要に応じて得られた情報を取捨選択する力）

③メディアを通して批判的に思考する力
（批判的に情報を読み解き、論理的に思考する力）

④目的に合わせてメディアを活用する力
（情報を整理し、目的に応じて正しくメディアを活用する力）

⑤メディアを活用する際に責任をもって発信する力
（情報が社会に与える影響を理解し、責任を持って適切な発信表現ができる力）

　この21世紀型情報活用能力が現在の情報活用能力ともっとも大きく異なるのは「相手意識」を重要視している点である。情報通信技術が発達し、一人ひとりが容易に情報にアクセスできる時代となってきている知識基盤社会において、「誰からの情報か」「どのようなメッセージを受け取ったのか」「このメディアを使うとどのように相手に伝わるのか」「自分の伝えたいことをもっとも的確な方法で伝えられるメディアなのか」など、情報の発信源である「相手」を意識することが重要になる。そして、情報の価値やメディア活用の意図をみずから考えていくこともますます重要になる。そこでメディア・コミュニケーション科では日々の授業において、つねに子どもたちに【相手を意識する】支援を行い、メディアそのものの学びだけではなく、その先にある【相手】を見据えてメディアに向き合っていく指導を心がけている。そうすることで、自分にとって必要なメディアを選択・活用し、コミュニケーションをより円滑に行うことができるようになると想定している。

　また、メディア・コミュニケーション科はメディアの特性を理解するだけでなく、メディアを介した情報活用の手法を学び、活用するという内容も盛り込んでいる。たとえばメディア・コミュニケーション科の学びで情報活用能力という汎用的なスキルを育み、各教科等の学びに生かしてもらうことで、それぞれの学びを深めることを狙っている。

　ちなみに、第2期ではメディア・コミュニケーション科の教科書づくりにも着手。教科書づくりを通して学習内容や指導事項の充実をはかり、その結果として各教科等の学びを

[21世紀型情報活用能力(文部科学省)との関係図]

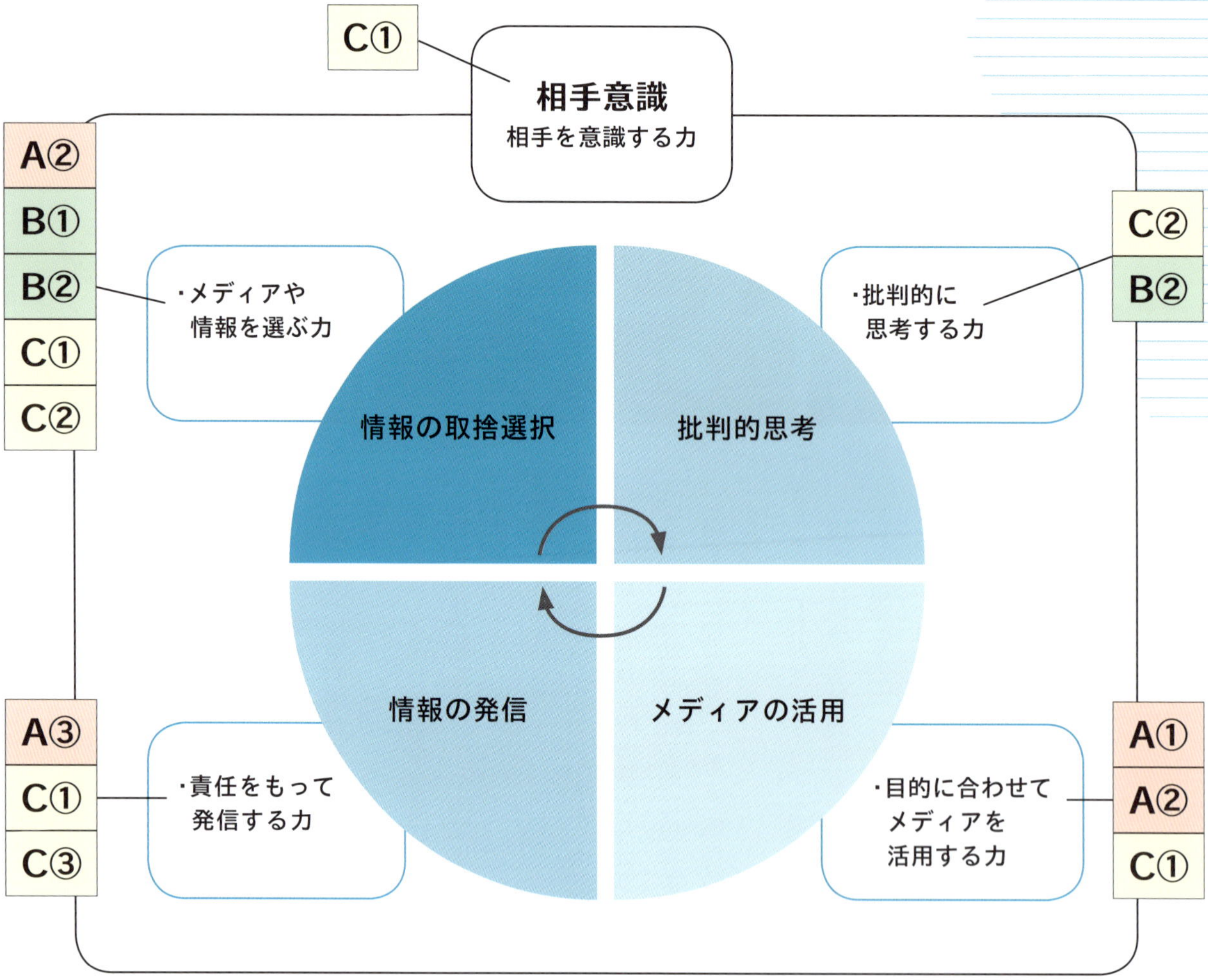


情報活用能力

A 情報活用の実践力
① 課題や目的に応じた情報手段の適切な活用
② 必要な情報の主体的な収集・判断・表現・処理・創造
③ 受け手の状況などをふまえた発信・伝達

B 情報の科学的な理解
①情報活用の基礎となる情報手段の特性の理解
②情報を適切に扱ったり、自らの情報活用を評価・改善するための基礎的な理論や方法の理解

C 情報社会に参画する態度
①社会生活の中で情報や情報技術が果たしている役割や及ぼしている影響の理解
②情報モラルの必要性や情報に対する責任
③望ましい情報社会の創造に参画しようとする態度

「メディア・コミュニケーション科」の教科書

深め、さらにその深めた学びでメディア・コミュニケーション科がより充実していく可能性を追求している。そして本校の7年間の研究の成果として、メディア・コミュニケーション科と各教科等の学びがスパイラルに深まっていくことを期待し、タブレット端末を一人一台ずつ所有する授業モデルを構築し、さらに研究を深めながら全国にその情報を発信している。

こうした取り組みの一方、近年は情報機器を活用した海外との交流にも力を入れており、オーストラリア・アデレード・ベレア校、台湾市立台北大学附属小学校、台湾桃園市桃園小学校とも交流を深めている。また、外国語教育研究指定を受けたのを機にさらに英語教育にも力を入れ、英語を使ったコミュニケーション能力の向上を目指し、夏休みを利用したオーストラリア12日間ホームステイや4泊5日の台湾修学旅行（6年生交流学習）などを行っている。

## 研究が「文部科学大臣賞」を受賞

このように本校では2009年度から現在にいたるまで、教育の情報化に関する研究を継続して行っており、ICT機器を活用した各教科の教育手法の充実や情報教育の中核を担うメディア・コミュニケーション科の開発研究に取り組んできた。

また、このほかにも最近では地域の教育に貢献することを目指し、「教育の情報化推進拠点校」としての研究プロジェクトも立ち上げた。このプロジェクトではメディア・コミュニケーション科の教育手法を各教科等に波及させ、児童が情報やICT機器を適切に活用しながら「主体的・対話的で深い学び」を実現していくための実践を模索中だ。こうした本校でのプロジェクトは国内外からも注目を集めており、視察が数多く訪れるようになったほか、各種研修会や研究会においても積極的に成果の発信を行っている。また、文部科学大臣賞を受賞し、文部科学省のホームページにおいては「我が国のICT活用及び情報活用能力育成の優れたモデルとなっている」と評価されている。

本校ではこれからも「未来を生き抜く子ども育成研究」を実践し、全国に発信しつづけていきたいと考えている。

## DATA

**沿革**

| | |
|---|---|
| 1908 | 京都府女子師範学校が京都市吉田町の仮校舎に設けられ、同時に京都市第一高等小学校の一部と京都市第二錦林尋常小学校の全部とをもって代用附属小学校と定めた |
| 1936 | 現在の所在地（京都市伏見区丹波橋）に校舎を移転 |
| 1949 | 京都学芸大学附属桃山小学校と改称、6月1日を開学記念日とする |
| 1972 | 京都教育大学教育学部附属桃山小学校と改称 |
| 2004 | 国立大学法人化にともない、京都教育大学附属桃山小学校と改称 |

**教育理念**

自ら自分たちの生活を切り開いていく「自立の力」と互いを尊重し合いながら共に生きていく「共生の力」を育てていく。

**主な行事**

つゆくさ遠足、臨海学習、オーストラリア・ベレア小学校訪問、ベレア小学校来校、農家宿泊体験、つゆくさ運動会、台湾修学旅行

京都府京都市伏見区桃山筒井伊賀東町46
☎075-611-0138
www.kyokyo-u.ac.jp/MOMOSYO/

研究事例／大阪教育大学附属池田小学校　大阪府池田市

# 学校における危機管理と安全教育

2001年6月8日に8名の児童の尊い命が奪われ、13名の児童と2名の教職員が負傷するという痛ましい事件が起こった大阪教育大学附属池田小学校。事件以後、子どもたちの命を守るために行われている危機管理と安全教育とはどういったものなのか。

## 附属池田小学校事件と危機管理・安全教育

本校では、2001年6月8日に8名の児童の尊い命が奪われ、13名の児童と2名の教職員が負傷するという痛ましい事件が起こった。もし、時間を巻き戻すことができるのであれば、あの事件の前に戻りたいと誰もが思っている。しかし、それはかなわない。私たちにできることは事件を語り伝え、その教訓を生かして学校安全の発展に貢献していくことである。そこで、このような事件を二度と繰り返さないために、本校では事件以後、子どもたちの命を守るため、教職員の学校安全に対する意識・知識・技能の向上、そして子どもたち自身が身を守る技能や意識を獲得するための教育のあり方について研究・実践をつづけてきた。

事件から17年が経過し、事件当時に勤務していた教職員のほとんどが本校をはなれた。しかし、学校安全に対する強い思いはずっと受け継がれてきている。そうした本校の危機管理のあり方と児童への安全教育の実践を世間の多くの人々に伝えていきたい。

## 附属池田小学校の不審者対応訓練

本校では現在、毎年2月の教育研修会時に行われている公開不審者対応訓練を含め、年間6回の教職員対象の不審者対応訓練を行っている。不審者対応訓練は事件直後からはじめたが、どの学校でも行われていないものを一からつくりあげていくため、試行錯誤の連続だった。訓練をはじめた当初は、訓練中にフラッシュバックを起こして動けなくなる教職員や子どもを殺傷された悔しさから不審者役に興奮気味に飛びかかる教職員もいた。しかし、訓練のたびに反省を重ね、その反省を次回の訓練時の目標とすることで、少しずつ訓練の精度が向上していった。

事件時の大きな課題としては、組織的な行動ができなかったことがあげられる。一人ひとりがバラバラではなく、いかに組織として行動することができるのか。この思いを具体化するために、本校では「学校安全の手引き」を作成するにあたって表1のような警備・防災組織を編成した。そして、それぞれの部・班がどのように行動するのかを具体的に明文化することで、教職員の役割を明確にした。

ちなみに、6回の訓練すべてが同じ内容で

［表1：警備・防災組織編成表］

| 部・班 | 主な役割 |
|---|---|
| 対策本部 7名 | ・通報<br>・情報収集<br>・指示 |
| 災害対応班 8名<br>（通称：アトム班） | ・不審者対応<br>・消火活動 |
| 児童対応班 7名 | ・避難指示後の児童誘導<br>・児童の人数・安否確認 |
| 救助班 8名 | ・校内巡視→負傷児童への応急手当・搬出<br>・校内残留児童の捜索 |
| 救護班 8名 | ・救護体制の確立<br>・負傷児童の全体把握 |

各部・班の人数は本校の実態に合わせたもの

祈りと誓いの塔
事件後に全国から寄せられた義援金をもとに、事件から3年後の2004年6月8日に附属池田小学校旧正門内側に建立された。塔には事件で亡くなった8名の児童の名前が刻まれている

行われるわけではない。訓練の内容は大きくふたつに分かれる。

ひとつは防犯教室である。この訓練ではさまざまな来客のケースを想定したシミュレーションを行う。そして、感じたことなどを意見交流するとともに、警察の方から指導助言をいただき、不審な来校者への対応の方法を学ぶ。同時に「さすまた」などの使い方も指導してもらい、教職員の実技技術の向上をはかっている。通報訓練も重要な訓練である。いざというときに、警察・消防に的確に情報を伝えることができるのか。簡単そうに見えて実際にやってみると、冷静に対応することは難しい。このような基本的な訓練を実際に実施することで、いざというときに冷静に対応できる心構えを養っている。

もうひとつは全教職員体験型不審者対応訓練である。この訓練には細かいシナリオなどはなく、事件が起こったときの対応について、自分で考えながら行動して学ぶことを目的としている。この種類の訓練の1回目を本校では4月の始業式前に行っている。どの学校でもこの時期は大変忙しい。しかし、この時期に行うのには意味がある。転勤などで新しく赴任した教職員が、学校の危機管理の仕組みを知らないうちに児童を迎え入れるわけにはいかないからである。あらたに赴任した教職員は、初めて訓練に参加したとき、その迫力に圧倒される。そして、この1回目の訓練を体験することで新しく赴任した教職員は先輩教職員の安全に対する意識の高さを認識するとともに、みずからも高い安全意識を持つようになる。そうすることにより、本校教職員の高い安全意識が受け継がれていく。

警備・防災組織のそれぞれの部・班の役割は具体的に示されているが、いざというときにマニュアルを確認していたのでは意味がない。また、実際に事件が想定通りに起こることはあり得ない。訓練のなかで臨機応変に対応していくことを通して、自然と体が動くようになってくる。訓練のための訓練にならないよう、訓練のシナリオは訓練担当者以外知らされていない。このことは徹底されていて、管理職でさえも知らない。管理職もその行動を試されるのが本校の訓練の特徴である。このような訓練であるため、100パーセントうまくできたということは今までに一度もない。訓練のたびにかならずいろいろな反省が生まれてくる。予定通り訓練を進めることが目的ではなく、みんなで話し合って反省を出し合うことを大切にしており、この反省を次回の訓練の目当てとすることで、訓練のPDCAサイクルができあがってくる。

不審者対応訓練というと、不審者を取り押さえることで終わりというように感じられるがそうではない。不審者を取り押さえる以外にも、行方不明の児童の捜索や負傷者の救急措置、警察や消防への通報、負傷者保護者への連絡など行わなければならないことはたくさんある。実際に事件があったとき、どのようなことが必要だったのかを事件当時に在籍していた教職員が苦い記憶のなかから体系化することで、今では組織的に対応できるようになってきた。また、事件・事故後に学校が組織としてどのように行動するのかといったことも重要視されてきている。本校では被害者保護者への対応、教職員への聞き取り、学校再開に向けての取り組みなども教職員各自の役割として明確に位置づけている。

本校が積み重ねてきた訓練の内容をより多くの学校に発信するため、毎年2月に実施している教育研修会では、公開不審者対応訓練を行っている。毎年800名近い教育関係者が訓練を見学し、それぞれの学校での訓練の改善に生かされている。また、先にも述べたように、一から訓練をつくりあげていくことは非常に困難である。そこで、本校の訓練を参考にしてそれぞれの学校が訓練を実施することができるよう、訓練の実施方法等を紹介した『学校における安全教育・危機管理ガイド』（東洋館出版）を2017年11月に出版した。訓練の様子を収めたDVDも希望する教育関係機関に無償で配布している。このような取り組みをつづけることで、これからもより多くの学校が精度の高い不審者対応訓練を実施できるよう協力していきたい。

## 「便利」より「安全」日々の活動の積み重ねが安全管理

本校の訓練を見たことのあるほとんどの教育関係者は、訓練の迫力と教職員の緊迫感に驚かれる。しかし、どんなに訓練を重ねても、悪意を持った不審者が侵入した場合、被害がまったくないということは考えられない。一番重要なことは、不審者を学校のなかに入れないということである。訓練中には出てこないが、それこそが本校がもっとも大切にしている安全管理である。

事件時、不審者の侵入を防ぐことができなかった教訓をもとに、現在の校舎に改築される際には多くの防犯上の工夫を凝らした。本校の設備を見学した多くの方は、その充実した設備に驚き、このような設備があるから危機管理ができるのだと感じられる。しかし、本校の教職員はいつもつぎのように考えている。「どんなに非常ブザーのボタンや監視カメラがあったとしても、設備自身は子どもたちの安全を守ってはくれない。不審者が入りにくい環境をつくるために、出入口をひとつにして警備員を配置したり、教職員・保護者・来校者すべてにIDカードの着用を義務づけたり、玄関の扉を開けるときにはかならず大人が付き添ったりといった日々の小さな活動が学校安全の基礎を支えている」と。

また、年間に何度か非常ブザーが鳴ることがあるが、このとき本校の教職員は、それぞれが決められた役割に応じて瞬時に行動する。災害対応班の教職員は、さすまたを持ち、全力で現場に駆けつける。そこに「このブザーは誤報だろう」というような思いはまったくない。そのため、教職員のこのような姿を見て育った児童たちは、ブザーが鳴ったときにはすぐさま真剣に避難をはじめる。学校の設備ではなく、このような教職員の意識こそがもっとも重要なことであり、私たちがもっとも伝えたいことである。

## 子どもたちがみずから考える「安全の授業」

本校における安全教育は事件直後にはじめられたわけではない。実際は事件で心身に傷を負った子どもたちへの心のケアで手一杯であり、安全教育どころではなかった。また、事件のときに児童の命を守ることができなかった私たちが、安全教育を行ってよいものかという葛藤も強かった。本格的に本校で安全教育が実施されたのは、事件で直接被害を受けた1・2年生が卒業をした後からである。そこから積み重ねてきた実践をもとに、2009年2月23日に文部科学省より教育課程特例校の指定を受け、全学年で週1時間の「安全科」の授業を開始した。

開始当初は、交通安全教育や防犯教育が主体であったが、子どもの生命が危ぶまれるような事態は不審者の侵入や交通事故だけでなくさまざまな状況が想定される。子どもたちを身のまわりの危険から守る、より実践的なカリキュラムを作成するために、私たちは東日本大震災はいうまでもなく、各地の土砂災害、電気柵による感電事故など実際の災害や事件・事故から学び、教材の選定を行った。カリキュラムの作成にあたっては、各教科・領域との関連性も重視した。理科の地震や噴火、社会科の町の安全を支える人々など、各教科・領域には安全教育と関連したものがたくさんある。近年ではネット被害、熱中症、性被害、食物アレルギーなどあらたな危険も注目されており、それらの内容を含め2016年にさまざまな危険から子どもを守るための新しいカリキュラムを構築した。

子どもへの安全についての指導というと「～のようなことは危ない」とか「～のようなときには○○しなさい」といったような一方的な指導を想像しがちである。しかし「安全科」の授業では、さまざまな身のまわりの危険について、児童たちが話し合い、自分事として主体的に考えながら学びを深めていくことを基本としている。同じような題材であっても、学年によって考え方や実際にできることは異なってくる。もし危険なことに巻き込まれそうになったとき、どのようにすればよいのかと繰り返し考えることで、子どもたちの知識や技能だけでなく安全に対する意識も高め、生涯を通して自他の命を大切にしようとする人間の育成をはかっている。ちなみに、先ほど紹介した『学校における安全教育・危機管理ガイド』のなかには多くの安全科の授業の実践例が掲載されている。これらを参考にして、安全科の授業が多くの学校で行われることを願っている。

安全教育でもっとも大切なことは、自分の教え子を加害者にしないということである。加害者がいなければもちろん被害者はいない。私たち教職員は、不審者をとらえるプロフェッショナルではない。一番の職務は子どもへの教育である。安全科の授業だけでなく普段のすべての教育活動を通して、自他の命を大切にできる人格の形成を目指していかなければならない。

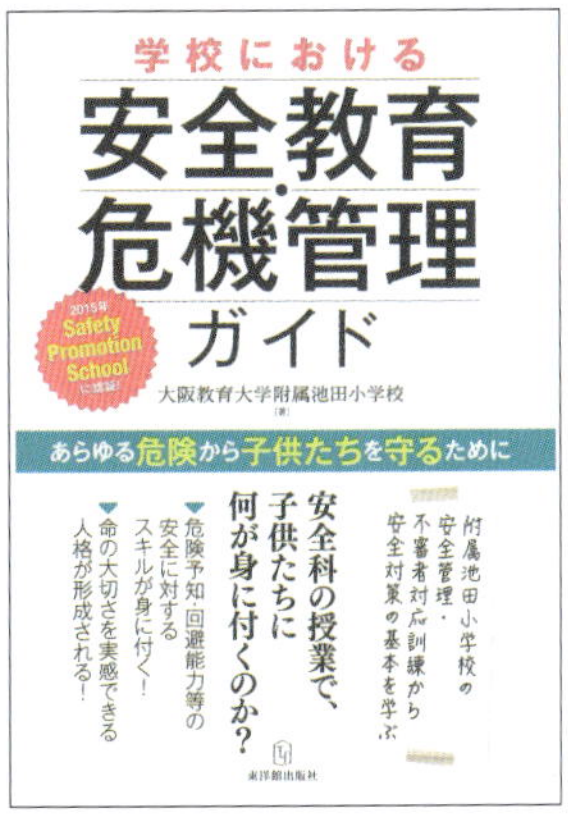


右／『学校における安全教育・危機管理ガイド』（大阪教育大学附属池田小学校 著）
左／SPS認証の盾。学校安全への継続的な取り組みが評価され、2018年に再認証された

## 学校安全の発展を願って

本校は2010年にWHOのインターナショナルセーフスクール（ISS）に日本で初めて認証された。そして、2015年にはセーフティプロモーションスクール（SPS）に認証され、2018年に再認証された。SPSとは「自助、共助、公助」の理念のもと、わが国独自の学校安全の考え方を基盤とする包括的な安全推進を目的として構築された取り組みであり、SPSの理念に基づいた学校独自の取組が継続的に行われていると認定された学校が認証を受ける。本校は認証を受けた後、大阪教育大学学校危機メンタルサポートセンターの要請を受け、あらたに認証を目指す学校への支援を行っている。

本校の学校安全の取り組みを広く発信するために、本校教職員は教育委員会や学校などが主催する学校安全に関する研修会の講師を務めたり、議会や国内外の教育関係者の研修を含めた視察を受け入れたりといった活動も積極的に行っている（2017年度実績合計30回程度）。事件を風化させず、事件の教訓を語り伝えていくことで、これからもわが国における学校安全の一層の普及と発展に取り組んでいきたい。

## DATA

**沿革**

| | |
|---|---|
| 1909 | 池田町立尋常高等小学校の一部を大阪府池田師範学校附属小学校に代用して創立 |
| 1951 | 大阪学芸大学附属池田小学校と改称 |
| 2001 | 侵入者による殺傷事件（かけがえのない児童8名が亡くなる） |
| 2004 | 大阪教育大学附属池田小学校と改称 |
| 2004 | 祈りと誓いの塔完成・除幕式 |
| 2009 | 文部科学省教育課程特例校（安全科）に指定 |
| 2010 | International Safe School 認証 |
| 2015 | Safety Promotion School 認証 |
| 2018 | 次世代の教育情報化推進事業（文科省委託） |

**教育理念**

・自ら進んで学び、生活をきりひらく主体的な意欲と能力の育成
・好ましい人間関係を育てることによる集団的資質と社会性の育成
・自他の生命を尊重し、社会の平和と発展を希求する心情の育成
・健康の増進と、明るくたくましい心身の育成
・安全な社会づくりに主体的に参画する人間の育成創立

大阪府池田市緑丘1-5-1
☎072-761-3591
www.ikeda-e.oku.ed.jp/

研究事例／神戸大学附属幼稚園　兵庫県明石市

# 10の方向・40の道筋で 幼児教育を可視化 幼小をつなぐ幼児期のカリキュラム

神戸大学附属幼稚園は、幼稚園教育と小学校教育の接続期における円滑な接続のための新分野創設に向けたカリキュラムと指導方法の研究開発を実施（2010～2012年度 文部科学省研究開発学校指定）した。その内容を紹介したい。

## 幼小「接続期」の教育が大切

「幼稚園教育要領」が、その専門職である幼稚園教育関係者にのみ理解されるものであるかぎり、幼稚園教育と小学校教育の円滑な接続がなされるとは考えがたい。小学校教育を担う小学校の教師にも、一般の保護者等教育関係者以外の人にも理解しやすいように幼稚園教育の中身を示すことが必要である。

1956年に改定された幼稚園教育要領は、6領域によって示されていた。本来、領域は教科とは異なるものとされながらも、実際には教科的な取り扱いをされることが多くなり、その反省を踏まえて、1989年に発達を見る視点として位置づけた5領域が示され現在に至っている。このことにより、領域は教科とは明らかに異質なものであることが強調された。しかし、小学校教師が自身に必要性がなく、理解が難しい5領域の枠組みで、子どもの発達を把握することは困難である。幼稚園の教師にとっても、小学校の教師にとっても、一般の保護者にとっても、共通に子どもの学びを捉えるために理解しやすい枠組みをつくっていく必要性を痛感し、幼稚園教育と小学校教育の接続期における円滑な接続のための新分野創設に向けたカリキュラムと指導方法の研究開発を実施することになった。

## 幼児の「芽生え」を育てる「新分野」の創設

幼稚園教育は「見えない教育」だと表現されたり、思考力の芽生え、道徳性の芽生え、科学性の芽生えなど、さまざまな「芽生え」という言葉で表現されたりすることが多い。

実際、幼稚園教育において、子どもたちは小学校以降の教育のように明確に知識・技能・情意を自覚的に学ぶわけではない。しかし、とくに小学校教育との連続性を明確にし、その接続をはかるためには、子どもがみずからの学びを自覚していないとしても、教師は現実に子どもが遊びや生活のなかで獲得しているさまざまな学びを自覚的に捉えなければならない。そのためには「芽生え」と表現される幼児期の学びは何なのかについて言語化することが必要である。

私たちは「新分野」の創設にあたって、それが現実の子どもの姿に添うものであるために、目の前にいる子どもの事実と学びに基づくことが重要であると考え、本園の「10視点カリキュラム」をもとに創設することが適当であると考えた。この「10視点」および「40の下位項目」は、それぞれ本園の子どもの事実と学びから導き出されており、幼小中の教師がともに見出した観点であり、小学校以降の教師にとっても理解されやすい枠組みとなっているからだ。

## 「10視点」と「40の下位項目」とは

2000年度から2002年度にかけて、当時の神戸大学発達科学部附属幼稚園、神戸大学発達科学部附属明石小学校、神戸大学発達科学部附属明石中学校は、文部省（現・文部科学省）の研究開発学校の指定を受けて「社会を創造する知性・人間性を育むことをめざした新しい教育システムの開発」を実施した。そして、その最終年度に幼小中の全教員が学校園における子どもの全生活時間のなかで記録した学びのカードを整理し、「学びの一覧表」を作成。その「学びの一覧表」の作成過程において見出されたのが「10視点」と「下位項目」である。

「学びの一覧表」を作成するにあたって、私たちは1枚の学びのカードに、子どもの事実、事実の解釈、子どもの学びを記した。2002年度に幼小中の全教員で書き綴った学びのカードの総数はおよそ6000。それらのカードを幼小中の全教員でKJ法を用いて分類したところ、10の大きなまとまりができた。これが「10視点」である。また、10の「視点」ごとに、さらにKJ法を用いて学びのカードを分類すると、ひとつの「視点」のなかにいくつかの小さなまとまりができた。これが「下位項目」であり、当時の「下位項目」は42を数えた。そして、それぞれの「視点」「下位項目」ごとに学びのカードを整理し、3歳（幼稚園年少）から14歳（中学校3年）までの子どもの学びの過程を、「10視点」別に10枚からなる一覧表によって示したものが「学びの一覧表」である。

私たちはこの「学びの一覧表」を作成する過程において見出された「視点」と「下位項目」をもとにし、本園の教育課程を編成する過程においてさらに検討・修正し、「10視点」と「40の下位項目」を見出したのである。

ここで重要なことは、本研究により「視点」および「下位項目」を検討したところ、結果的に「下位項目」については若干の修正を加えることになったものの、もとにしている「学びの一覧表」および「下位項目」は、子どもの学びを幼小中の教師がともに分類して見出した観点だということである。このことから、「視点」および「下位項目」は、子どもの学びを見取る際に幼小中のすべての教員が共通して使用することができる観点であることを意味しているのである。

## 幼小をつなぐ幼児期のカリキュラム「神戸大学附属幼稚園プラン」の創造

私たちは新しい教育課程および指導計画のあり方を模索してきた。そして、それらすべてを「神戸大学附属幼稚園プラン」として提案している。

その最大の特徴は、子どもの事実に基づく「10視点」と「40の下位項目」からなる詳細な観点を有するところである。先述した通り、これらの観点は私たち教師が子どもの学びを見取る観点として見出したものなのだが、このプランにおいては教育のねらいを具体的に示す観点としても用いたのである。

が、「10視点」と「40の下位項目」という観点を教育課程に組み込むのは簡単ではなかった。本研究に取り組むまでは、「10視点」と一部の「下位項目」によってあらわしてきた。すべての「下位項目」について十分に整理を行わず、実際の活用には部分的にしか活用していなかったのだ。その理由は「学びの一覧表」の作成によって見出した「下位項目」のすべてに、それぞれのねらいを持たせるこ

［10視点構造図］

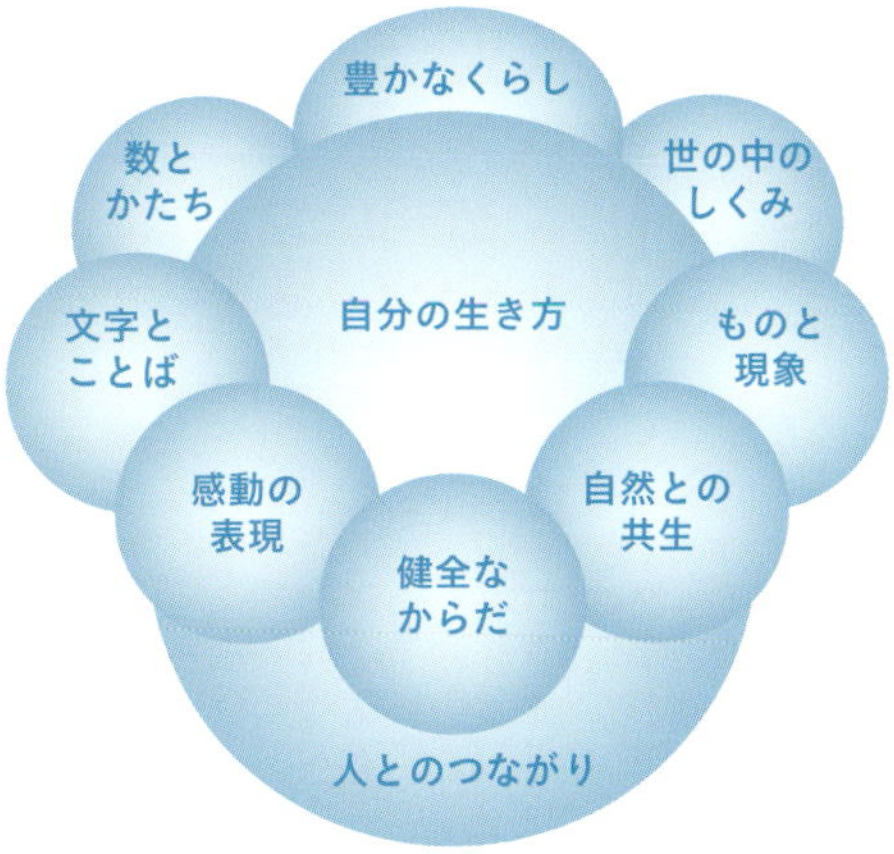


［10視点の定義］

| 視点名 | 定義 |
|---|---|
| 自分の生き方 | 様々なかかわり合いの中で、自分を見つめ、したいことやすべきことを自分で決め、よりよい生き方を目指そうとする |
| 人とのつながり | 人とかかわることを通して、他者の思いや考えに気付き、よりよい関係をつくろうとする |
| 健全なからだ | 自他のからだの成長や変化に気付き、めあてをもって健康なからだづくりに取り組む |
| 自然との共生 | 豊かな自然体験を通して、その美しさや不思議さに触れる中で、自然や生き物に興味・関心をもち、望ましい自然観・生命観を養う |
| ものと現象 | ものがもつ性質やものとものとの関係のなかで起こる現象に対して、原因を考えたり確かめようとしたりする |
| 感動の表現 | 多様な表現や文化のよさを感じ、イメージをふくらませ、自分らしく表現しながら豊かな感性を養う |
| 文字とことば | 音声言語や文字言語に触れ、語彙を増やし、思いや考えを伝え合う |
| 数とかたち | 量やかたち、空間を感覚的にとらえたり、身の回りの事象を数理的に判断したりする |
| 豊かなくらし | 喜んで食べたり、伝統行事に触れたり、道具や素材を使ったりして、自分たちのくらし（遊びや生活）をよりよくするための方法について考えたりしてみたりする |
| 世の中のしくみ | 自分たちのくらし（遊びや生活）を支えるものについて知ったり、きまりごとの意味やものを大切にする使い方を考えたりする |

とが難しかったからだ。また、幼児期の学びは未分化であり、そこまで細かく見る必要があるのかという思いもあった。しかし、本研究に取り組む過程において、保育内容の不透明な部分をより詳細な項目によって説明することは、小学校以降の教育との接続期のカリキュラムを構想するうえでは不可欠であることがわかった。

そこで、私たちは「10視点」の「下位項目」ごとのねらいを明らかにする教育課程の編成を進めた。結果、私たちは教育課程および指導計画に「10視点」と「40の下位項目」という詳細な観点を持ったことで、本園で行っている幼児教育の中身を、これまでよりもさらに具体的に示すことができるようになった。そして同時に、小学校教育との接続関係を詳細に示すことも可能になったのである。

## 幼稚園教育と小学校教育の教育課程の接続に向けて

幼稚園教育と小学校教育の教育課程の接続を追求するにあたっては『幼稚園教育要領』『小学校学習指導要領』『神戸大学附属幼稚園教育課程』の3者について、ねらい・目標および内容におけるつながりや構造を整理し、それぞれの相関関係を明らかにする必要があると考えた。

そこで、本園教育課程と『幼稚園教育要領』との相関関係を明らかにするために、『神戸大学附属幼稚園教育課程』と『幼稚園教育要領』の内容との対比一覧」を作成した。そして、本園教育課程と「小学校学習指導要領」との相関関係を明らかにするために、本園教育課程と「小学校学習指導要領（第1学年及び第2学年）」の内容を対比して『神戸大学附属幼稚園教育課程』と『小学校学習指導要領（第1学年及び第2学年）』の内容との対比一覧」にあらわした。ちなみに、その際には本園研究担当者6名が「幼稚園教育要領」および各教科の「小学校学習指導要領（第1学年及び第2学年）」だけではなく、「幼稚園教育要領解説」および各教科の「小学校学習指導要領解説（第1学年及び第2学年）」を丹念に読み進め、協議を行い判断していった。

その結果、「10視点」および「40の下位項目」で示した本園教育課程と「幼稚園教育要領」とのつながりや構造を、他の幼稚園教師や小学校教師にわかるように示すことができた。そして「10視点」および「40の下位項目」で示した本園教育課程が「幼稚園教育要領」の内容を含み込んでいることもたしかめることができた。さらに「小学校学習指導要領（第1学年及び第2学年）」に示されたすべての内容は、本園教育課程の「10視点」および「40の下位項目」のどこかにかならず関連することが明らかになった。これらのことは、本園の幼稚園教育が小学校教育と教育課程上つながっていることを実証したことを意味している。と同時に「幼稚園教育要領」と「小学校学習指導要領」のつながりや構造を「10視点カリキュラム」を用いて整理・分析することで、「小学校学習指導要領」と「幼稚園教育要領」における教育課程上の接続を明確に示すこともできた。

## 幼稚園教育と小学校教育を接続する「接続期」の教育

本研究では、5歳（幼稚園年長）から6歳（小学校第1学年）を「接続期」として仮定し、「接続期（幼稚園）」に特有に見られる「遊び」や「生活」の場面を抽出、整理し、それらを新分野を用いて、接続期以前のものと比較・分析した。このことにより、本園における「接続期」は、5歳児の9月から11月にかけて緩やかにはじまるという結論が出せた。

「接続期」の教育は、幼稚園教育と小学校教育を接続するものである。そのため、この時期の子どもの発達に即した教育を保障するためには、「接続期」の子どもの発達の諸側面を明らかにする必要があるのだが、「入園から修了までのねらい一覧」という教育課程に盛り込まれた「10視点」および「40の下位項目」ごとの修了時のねらいは、まさに「接続期」の子どもの発達の諸側面そのものであると考える。

そのうえで、私たちは「接続期」に効果的な指導の方向性と指導方法を抽出した。下位項目ごとにねらいを立て、それぞれどのような指導の方向性をもってどのような指導方法をとるのか、これまで以上に詳細で具体的な環境の構成や教師の援助を見出すことができた。これらの取り組みにより、「接続期（幼稚園）」特有の教育の「ねらい」および「指導方法」を明らかにしたのである。

そして、それらの指導方法に役立つ教材も明らかになってきた。それは子ども同士、子どもと教師がそれぞれの願いや考え、たがいに必要な情報を共有しながら活動を展開するためのドキュメンテーションである。

これまでは、子どもの遊びや生活の様子を子ども自身に振り返ってほしい、保護者に子どもの園での様子をわかりやすく伝えたい、親子や複数の親子同士でともに見ながら交流を深めてほしいと考えて、ドキュメンテーションを保育室に掲示してきた。だが、本研究では「友だちと共通の目的に向かって、納得するまで一緒に考えたり、試したり、話し合ったりして、遊びや生活のすすめ方や必要なルールを決めたり、守ったり、自分の責任をはたしたりしようとする（【人とのつながり】人とものごとをすすめる）」ために「相談したことをグループのみんなで決めた共通の決まりごととして、いつでも見てたしかめながら共通理解する」「自分たちの考えをまとめたり整理したりする」といった指導の方向性と「自分たちに必要なことを紙に書かせる」「一緒に考えながらみんなの考えをまとめる手伝いをする」といった指導方法を掲げた。そして、先に見出した指導の方向性と指導方法を生かしたドキュメンテーションの取り組みを試行的に実践し、効果を検証した結果、これらをあらたな教材として提案した。

## 高く評価された幼児教育の可視化

私たちは「10視点」および「40下位項目」という、他に類を見ない詳細なカリキュラムの観点により、教育課程やさまざまな指導計画のすべてを「神戸大学附属幼稚園プラン」として提案することができた。そこには本園の幼児教育の中身や本園における3歳入園から5歳修了までの子どもの育ちの姿が詳細に示されており、幼児教育を可視化することにいちはやく取り組んだ研究ともいえる。そのあたりが評価され、幼児期の教育と小学校教育の円滑な「接続」のあり方に関する調査研究協力者会議委員、中央教育審議会専門委員（初等中等教育分科会教育課程部会幼児教育部会委員）、学習指導要領等の改善に係る検討に必要な専門的作業等協力者などに選出され、2017年3月に告示された「幼稚園教育要領」の改訂および2018年3月発行の「幼稚園教育要領解説」の執筆に携わった。また、本研究は2013年度以降、文部科学省研究開発学校の制度を説明する資料において、根拠のある研究成果が期待される文部科学省研究開発学校のモデルとしても示されている。

また本研究の成果を引き継ぎ、本園は2013年度より附属小学校とともに文部科学省の研究開発学校の指定を受けた。つづけて、2017年度より延長指定を受け、さらに10年後の学習指導要領等の改善に資するべく取り組みを推進している。

### DATA

**沿革**

| | |
|---|---|
| 1904 | 明石女子師範学校附属幼稚園として開園 |
| 1950 | 神戸大学兵庫師範学校附属幼稚園に改称 |
| 1951 | 神戸大学教育学部附属幼稚園に改称 |
| 1966 | 3年保育課程を設け、3歳児学級を設置 |
| 1992 | 神戸大学発達科学部附属幼稚園に改称 |
| 2004 | 国立大学法人神戸大学発達科学部附属幼稚園に改称 |
| 2009 | 神戸大学の附属学校再編にともない、国立大学法人神戸大学附属幼稚園に改組 |
| 2015 | 3歳児学級を1クラスから2クラスに増設 |

**教育理念**

人間らしくよりよく生きるための行動の基盤を幼児自らに形成させる

＊よい行動

自ら（個）が主体的に考えてよいと思う行動。

他（集団）からみてもよいと考えられる行動。

兵庫県明石市山下町3-4

☎078-911-8288

www.edu.kobe-u.ac.jp/hudev-akashikg/index.html

研究事例／奈良女子大学附属中等教育学校 奈良県奈良市

# プログラミング「教育」における メンター育成を核とした 「The Narajo Plan」

2016年度、奈良女子大学附属中等教育学校が中核となって「The Narajo Plan」というプログラミング教育に取り組んだ。宮城県女川町などを実証地域とし、総務省の「若年層に対するプログラミング教育の普及推進事業」の採択を受けたもので、その独自性が高く評価されているという。

## プログラミング教育が必要とされる背景

プログラミング教育は、論理的思考力や課題発見・解決力、創造力などの育成に資するものとして、諸外国ではすでに学校教育に取り入れられている。日本でも2020年からすべての小学校において、プログラミング教育が必修化される。ただし、小学校におけるプログラミング教育の主旨は、プログラム言語を学ぶことではない。子どもたち自身が解決したい課題を発見し、こんなことができれば社会に貢献できるということを企画・立案する力と、課題の解決と企画の実現に向けてプロセスを組み立てる力を身につける課題解決型学習（PBL：プロジェクトベースドラーニング）の一環として行われる。一方、中学校以降では本格的にプログラミング教育が実施されるわけだが、ICT利活用能力が進み、IoT（モノのインターネット）が浸透してきている今日においては、プログラミングの仕組みを基礎知識として持つことは必要不可欠といえるだろう。

## 「The Narajo Plan」の概要

第4次産業革命やIoTが進む「超スマート社会」が目前に迫っている。それにともない、あらゆる製品にコンピュータが組み込まれ、あらゆる産業でプログラミングスキルを備えた人材が切望されるようになるだろう。

そのため、教育現場では小中学校段階でプログラミングへの理解を進め、関心を高めておく必要がある。しかし、プログラミング教育を各学校や地域で担える人材は不足しているのが現状だ。この状況を改善するため、本校は各地域におけるメンター育成のプログラムとして「The Narajo Plan」を開発した。

「The Narajo Plan」の目的はつぎの4点に集約される。

(1)超スマート社会を持続発展させる人材の育成
(2)ICTの利活用による地域間格差解消への貢献
(3)プログラミングを通じて21世紀型スキルの向上
(4)超スマート社会の仕組みを知り課題を解決できる態度と能力の涵養と育成

この「The Narajo Plan」でプログラミング講座を開催し、メンターとして育成対象となったのは、つぎの学校だ。

・宮城県女川向学館（女川向学館スタッフ2名、女川向学館ボランティア5名）
・香川県豊島小中学校（豊島中学校教諭2名）
・茨城県古河市三和東中学校（三和東中学校教諭1名）

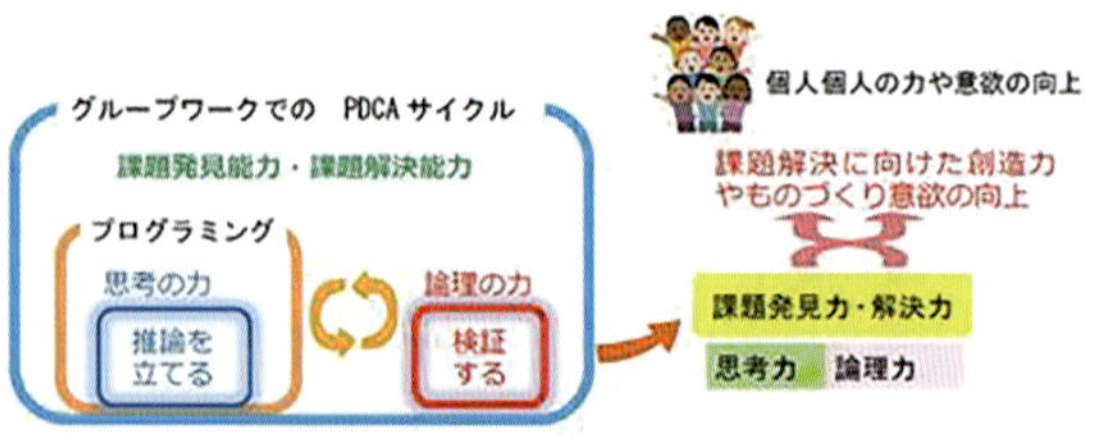

・奈良女子大学附属中等教育学校（女子大生4名、中等教育学校生徒11名、附属小学校教諭1名、奈良市公立小学校教諭4名）

つぎにその内容を紹介したい。

・メンター講座期間：3日間

・メンター講座講師：駒谷昇一（奈良女子大学生活環境学部情報衣環境学科生活情報通信科学コース教授）、大川郁子（ソルナ・クリエイト㈱：コーチング理論と実習担当）

・メンター講座参加者：女子大生4名、中等教育学校4年生（高校1年生）11名、附属小学校教諭1名、奈良市公立小学校教諭4名 計20名

・メンター講座プログラミング実習受講者：奈良女子大学附属小学校5年生18名

・メンター講座プログラム（3日間の講座はすべてビデオ録画し、総務省教育クラウド・プラットフォームに掲載し、インターネット回線によりどこからでも視聴可能とした）

・1日目：コーチング・メンタリング基礎講座

プログラミング基礎講座では、カラーセンサーや赤外線センサー、タッチセンサーなどを利用し、プログラミングによる計測・制御を実行するロボットを制作。レゴマインドストームEV3を使用した。

コーチング・メンタリング基礎講座の様子

・2日目：小学5年生への実際のプログラミングレクチャー

メンター同士のプログラミングレクチャーの振り返りとディスカッションを実施。翌日のプログラミング実習のレッスンプランも作成する。

高校生メンターがプログラミングレクチャーの振り返りをしている様子

・3日目：小学5年生へのメンターによるプログラミング実習

メンターによるプログラミング実習の振り返りを実施する。

・プログラミング実習で工夫したこと

なぜプログラミングを学ぶのかをメンター育成の核にした。また、児童（小学5年生）がプログラミングに取り組む意味を自覚できるように、プログラミング講座の最初にロールプレイ（例：工場長役が登場し、工場で困っていることを訴えるもの）によって現実の課題を解決するために取り組むという意識づけを行った。

そのほか、メンターにはこれがプログラミング言語を学ぶ教育ではなく、チーム内で創造力や問題解決力を育成する教育であるということを自覚してもらうようにした。そして「教えない教育（コーチング）」の実践者にならねばならないことを繰り返し指導し、メンター育成講座において注意事項として「いってはいけない言葉」と「いってほしい言葉」を明確にした。

プログラミング実習の様子

「いってはいけない言葉」の例：「できた？」「まだできないの？」「こうしてみたら？」「ここが原因じゃない？」など

「いってほしい言葉」の例：「なぜうまくいかないのかな？」「なぜうまくいったのかな？」「チームで考えよう」「つぎはどうする？」など

・プログラミング実習で苦労したこと

メンターコーチングを具体的にどのようにすればよいか、子どもたちに気づきを与えるためにはどのような言葉かけが必要なのかなど、学習者に主体的に考えてもらう方策を講じるのに苦労していた。また、メンター育成講座については、小学校の先生に慣れないコーチングを習得してもらうのが大変だった。

・メンター育成講座に参加した学生のコメント（大学3年生）

私が今回の実験に参加した理由は、高校の情報の教員免許の取得にあたり、何か得るも

奈良女子大学
S工場の悩み
□S工場では、色々な部品を組み合わせて製品を作っています
□組み立てをしているところ（ライン）に部品を置いていますが、たくさんは置けません
□全ての部品は別の場所にある倉庫にあります
□部品を倉庫から人が運ぶと、間違った部品を出したり、運ぶ先を間違えたりします
□工場の経営の効率化のために、部品が無くなったら倉庫から自動で部品が届くようにしたいのですが、どうしたらよいでしょうか
奈良女子大学
工場のレイアウト
倉庫
組み立て工場
組み立て工場
組み立て工場

のがあればと考えたからです。2020年に小学生に対してプログラミング教育を行うと知ったときはその理由がわかりませんでしたが、ただプログラミング言語を教えるのではなくプログラミングを学ぶことにより児童たちの論理的な考え方を伸ばすのが主旨であると知り、とてもおもしろいと感じました。

　今回、実験のメンターとして参加するにあたり、はじめにコーチングを学びました。ティーチングとは違い、答えをいってはならないというものでした。コーチングを用いることで、たんにプログラミング言語を学ばせるのではないということを再認識することができましたが、実際にコーチングをするのは難しかったです。答えをいってはならないので、児童たちが行き詰まるとなぜ行き詰まったのか、自分たちはどうしたいのかを問うことで、問題解決方法を導き出してもらえるようにしました。しかし、児童たちのモチベーションを最後まで保ちつづけることは難しく、プログラミングに単調な作業が多かったこともあって、その最中にしだいに飽きてしまう児童がたくさん出てきました。かぎられた時間のなかでどのようにサポートしてあげるかが重要だと感じました。

　またメンターとして、今回使用したレゴのマインドストームの使い方を熟知していなかったために、間違った方向に進んでいた児童たちの軌道を修正してあげられなかったことが悔やまれます。

・レゴEV3のプログラミング講座を受講した小学生への質問と感想

1．プログラミングを体験して、楽しかったことは何ですか?

・自分がプログラミングした通りにロボットが動くこと。
・みんなで協力して頭を使ったこと。
・プログラミングをしているとき、どうすれば苦手なところを克服できるかなどを友だちと話し合いながら改善していくのが楽しかったです。
・みんなで意見を出しながらみんなでプログラムをしていくのが楽しかったです。

2．プログラミングを体験して困ったことは何ですか?

・EV3を実際にコースの上で走らせて、急なカーブが上手に曲がれなかったことが困りました。
・プログラミングの設定で少しでも違うところがあれば、ゴールできないのが大変でした。

3．困ったことが起きたとき、それをどのようにして解決していきましたか?

・「これはどうかな?」「これはこうしたら?」などグループで話し合っていろいろと試していくことで解決できました。
・みんなで考えてどうすれば思うところに行くのかを試した。
・いろいろな数値を細かく変えてみる。
・すべて試したり、みんなと相談したりして解決しました。

4．プログラミングを体験して自分のなかで変化はありましたか?

・最初は難しくてあまりできなかったけど、みんなと協力してあきらめずに最後までプログラミングをつづけることができました。
・いつもすぐわからなかったらあきらめるのに、いろいろ変えるのが楽しくて、どんどん

［「The Narajo Plan」のねらいと社会的教育的意義］

**本事業のねらいと社会的意義は、大きくふたつに分けられる**

**日本の社会的課題の解決**

**1.超スマート社会を持続発展させる人材の育成**

地域の子供のプログラミングへの関心を高めるとともに、プログラミングを通じて創造力を伸ばすメンターの育成

**2.ICTの利活用による地域間格差解消への貢献**

教育サービスの地域間格差解消のための遠隔地域間でのメンターの育成とプログラミング学習

**共通領域**

**4.超スマート社会の仕組みを知り課題を解決できる態度と能力の●養と育成**

プログラミングの実社会への利活用の実態を知り児童生徒が社会的な課題の解決に資する体験ができるプログラミング学習方法の開発

**日本の教育的課題の解決**

**3.プログラミングを通じた21世紀型スキルの向上**

プロジェクトベースドラーニングで児童生徒が主体的に考え行動するプログラミング学習方法の開発

進んでするようになりました。
・もっとロボットについて知りたいと思った。

## 成果と課題

メンター育成のポイントは「教えないで教える」ということの意味を、メンター自身に実践を通して理解してもらうことにつきる。

今回のプロジェクトでは、奈良と茨城では何度も講座を開催することができたが、女川や豊島ではそれぞれ2回ずつしか開催することができず、具体的な対応の場面で子どもたちへのサポートがうまくいかないことがあった。やはり実際にプログラミング講座を開催し、小中学生へのサポートの経験を積むことが重要だと感じた。

また、今回はレゴEV3とPythonを使った講座を開催したが、知識理解のレクチャーと実習のレクチャーのバランスをとることの難しさを感じた。Pythonを使ったデータ管理システムの講座は安価で実施することができたが、レゴEV3は1台約5万円もかかるため、学級で全面展開するにはコスト面での課題がある。

プログラミング教育を実施することの一番の成果は、チームで協力して試行錯誤を繰り返し、子どもたち自身が達成感を感じ取れるところにある。小中学生がプロジェクトベースドラーニング（PBL）で社会的な課題に挑戦し、自分たちが社会の役に立つことに取り組めたという実感が得られるように促していかなければならない。

## 成果の普及

2017年度は、前年度に指定を受けた団体がプログラミング実証事業の横展開として、全国キャラバンを実施。本校は秋田県、山梨県、和歌山県でプログラミング講座を開催し、秋田県では2回開催した。

また、奈良県教育委員会および奈良県立教育研究所と共同して、奈良県立奈良情報商業高等学校においてレゴEV3を使ったプログラミング講座を開催した。また、大和郡山市教育委員会主催で大和郡山市立治道小学校でもレゴEV3を使ったプログラミング講座を開催している。

もちろん、2018年度もこうした取り組みはつづけており、四日市市教育委員会主催の小学校教員向けのプログラミング研修会を実施したり、奈良市教育委員会主催のプログラミング教育研修会を開催したりしている。またそのほか、三重県教育委員会が主催するプログラミング指導者育成研修会の講師を本校の駒谷昇一教授が務めている。

2020年から小学校学習指導要領が全面実施となる。プログラミング教育をどのように各学校に導入するかは、まさに待ったなしの状況だ。そうしたなかで、この「The Narajo Plan」を使ってプログラミング教育を実施したいと思われる学校関係の方がいれば、ぜひ本校まで問い合わせいただきたい。国立大学附属学校として、少しでもお役に立ちたいと考えている。

## DATA

### 沿革

| | |
|---|---|
| 1908 | 奈良女子高等師範学校創設 |
| 1911 | 附属高等女学校創設 |
| 1947 | 附属中学校発足（男女共学となる） |
| 1948 | 附属高等学校発足 |
| 1949 | 奈良女子大学発足 |
| 1958 | 現校地（東紀寺）に移転 |
| 1970 | 新校舎完成 |
| 1973 | 6年一貫教育実施 |
| 2000 | 奈良女子大学文学部附属中学校・高等学校廃止、奈良女子大学文学部附属中等教育学校となる |
| 2002 | 総合教育棟完成 |
| 2004 | 奈良女子大学附属中等教育学校となる |
| 2010 | 創立100周年記念事業を開催する |

### 教育理念

「自由・自主・自立」
世界的・人類的な課題に関して基本的な知識と技能を持ち、普遍的な価値観に基づいて判断・主張・行動ができる21世紀に必要とされる教養を備えた市民リーダーを育成する。

### 主な行事

学園祭、AYF（ESDをテーマとしたアジア高校生国際会議）、「NARA SAKURA Science Camp」（アジアの高校生が奈良に集まって科学技術ワークショップを通して交流する取り組み）、SSH海外研修（韓国、ベトナム、タイへの理数海外研修）、各学年ごとの宿泊行事

奈良県奈良市東紀寺町1-60-1
☎0742-26-2571
www.nara-wu.ac.jp/fuchuko/

研究事例／**鳴門教育大学附属中学校** 徳島県徳島市

# 問題解決型学習の「模擬県議会」が未来を創造する人材を育てる

鳴門教育大学附属中学校では「総合的な学習の時間」がつくられる以前から
「模擬県議会」というユニークかつ伝統的な教育を実践してきた。
そこで、模擬県議会を中心とした現在の総合的な学習の時間の内容やその成果について紹介したい。

## 「総合的な学習の時間」以前から伝統的な問題解決型の学習を実施

本校の門扉にかかる銘板は、現在の校舎ができてから3度も変わっており、その都度校旗もつくり直してきた。開校したのは1947年4月、学制改革によって徳島師範学校男子部附属校および女子部附属校に、それぞれ附属中学校が新設されたことにはじまる。そして1949年4月には両附属中学校が統合され、徳島師範学校附属中学校が設立され、その後、徳島大学師範学校附属中学校、徳島大学学芸学部附属中学校と改称を経て、1966年に徳島大学教育学部附属中学校となった。今の校舎ができた1972年から15年間はこの名称の銘板が掲げられてきたが、1986年4月の国立学校設置法施行令の一部改正にともない、学校名が鳴門教育大学学校教育学部附属中学校に変更。さらに2004年には国立大学の法人化にともない、再度、鳴門教育大学附属中学校と改称され、現在、校門には3枚目となるこの学校名の銘板が掲げられている。

なお、附属幼稚園、小学校、特別支援学校は近隣（徳島市内）に位置しているが、大学（鳴門市）は車で学校から約30分のところにある。

本校では「総合的な学習の時間」が全面実施された2002年度および、その導入が決まった1998年より前の1994年度から文部科学省（当時の文部省）の「教育課程の基準改善のための教育研究開発」の研究指定を受け、「新しい時代に生きる力を育成する新教科（未来総合科）の創造」という研究内容で「未来総合科」という名称のもと、教科横断型の生きる力を育む授業に取り組んできた。その頃から育んできた問題解決型学習が「模擬県議会」という手法であり、現在も本校の子どもたちは総合的な学習の時間の3年間のまとめとして、長年の先輩方の研究成果も参考にしながらこの学習に取り組んでいる。

鳴門教育大学附属中学校の校門

## 中学校の学びの集大成としての3年生における総合的な学習の時間

本校の総合的な学習の時間は、入学時の校内探検からはじまり、社会福祉、グローバルな観点などさまざまな現状理解を経て問題を発見し、それらを解決する手立てを多面的に考える姿勢を養っていこうとするものである。そして3年生では、中学時代の集大成として自分たちの住む徳島の課題を考え、擬似的な政党をつくり、施策というレベルまで高めていく。その後、討論する場を設けて、問題解決能力を高めるとともに、ふるさとに対する郷土愛を育んでいくという流れになる。ここではこの模擬県議会を中心に3年生の総合的な学習の時間の内容を紹介していきたいと思う。

ちなみに、模擬県議会を含む3年生の総合的な学習の時間の内容は以下のようになっている。

＜3年生における総合的な学習の時間のねらい＞

○自らの課題を設定し、解決をはかろうとして、自己の意思を決定することができる。
○学習を通して獲得した知識・スキルを活用することができる。
○ものごとを総合的に見たり、考えたりすることができる。
○自らの学びを生かし、未来社会における自己の在り方を追求することができる。

＜単元名「徳島未来構想――徳島の現状と課題――」プレ研究＞

（1）単元目標（学習計画：10時間）

・現在の「徳島」の概観を捉え、地域が抱える課題をつかむことができる。
・徳島の近未来について考えることを通して、自己の視点から課題を解決するための方策を提案することができる。

＜単元名「徳島未来構想――徳島の未来のために模擬県議会を開こう――」（本研究）＞

（1）単元目標

・徳島の近未来に関心を持ち、意欲的に学習に取り組むことができる。
・徳島県の現状と課題を分析し、課題解決のための方策を提案することができる。

（2）学習計画（18時間）

| 時間数 | 学習の流れ | 主な学習活動 | 学習形態 |
|---|---|---|---|
| 第１時 | 課題の把握 | ○本研究に向けての役割を決める。<br>○本研究に向けての研究計画書を作成する。 | 学年・学級 |
| 第２時～第４時 | 調査活動 | ○計画書に基づき資料を収集する。 | 学級 |
| 第5時～第8時 | 議案書の作成 | ○収集した資料を整理・分析し、政策を立案する。 | 学級・グループ |
| 第9時／第10時 | 議会準備 | ○議会に提出する資料を作成する。<br>○議案書を検討し、改善する。 | 学級・グループ |
| 第11時／第12時 | 議会準備 | ○議会に提示するスライドを作成する。<br>○議案書を作成し、改善する。<br>○他党の議案書を検討し、質問書を作成する。 | 学級・グループ |
| 第13時 | 議会準備 | ○議会の発表・答弁の準備をする。<br>○他党の議案書を検討し、質問書を作成する。 | 学級・グループ |
| 第14時～第18時 | 模擬県議会 | ○与党委員会は立案した政策を提案する。<br>○与党委員会が提案した政策を検討する。 | 学年 |

＜単元名「徳島未来構想――15歳の提言――」＞

（1）単元目標（学習計画：5時間）

・模擬県議会を通して、徳島の未来に必要なことについて考えることができる。
・徳島県の現状や課題、課題解決のための方策について個人が調査したことや考察したことを、提言としてまとめることができる。

## 模擬県議会の様子

本研究で実施する模擬県議会では、各クラスごとにユニークでかつ、それぞれに思いを込めた政党名を考え（エクセレン党、仲間擦《ちゅうもんさつ》党、コストカッ党など）、各委員会が十分に練った政策を出し合って、体育館でしっかりと議論し合う。長年見ていると「実際の県議会での討論にも耐えうる政策でないだろうか」と思える提案も多いので、最近の例をいくつか紹介したい。

（産業委員会）「児童数の減少から廃校になった小学校を利用して、運動場を農地に転用し、地元の元気なお年寄りを講師にして、本格的な農業研修を行える場として県外へ広報する。研修中は校舎を改修した宿泊施設を利用してもらい、研修終了後、本格的に本県に移り住んで農業に取り組みたい人は、空き家や休眠地を格安で提供し移住を後押しする。そうすることで都会で定年退職を迎えた人たちや転職を考えている人、自然あふれるなかで子育てをしたいと思っている人たちが本県に移り住んでくれて、急激な人口減の抑制にもつながる」
（運輸・通信委員会）「渋滞緩和と健康増進のために自転車とともに列車で通勤をできるよう、JRの車両に自転車専用車両を連結する。これは徳島県だから実現の可能性があることで、全国で唯一電車が走っていない本県では、運行されている普通列車のほとんどは1両か2両編成である。そして、つぎの列車までも数十分単位で間隔がある。これが実用化されれば駅前の放置自転車の解消にもつながるのではないか」

（観光委員会）「徳島が誇る文化遺産である『阿波踊り』をもっと世界へも発信して、観光客を呼ぶために世界的に有名な『リオのカーニバル』などを招き、ダンスの世界大会的なイベントを定期的に実施することで『踊り・ダンスの聖地』として世界中に認められるようにする。本県の観光宿泊者数は毎年、全国ワーストワンだが、その大会をお盆以外に実施すれば、観光客の増加につながるのではないか」

　模擬県議会にはこういった政策案件が各委員会から提出され、活発な質疑応答を経て採決されていく。その模様は毎年地元紙の取材を受け、翌日の朝刊に掲載されるほか、テレビ局の取材を受けることもあり、各方面から問い合わせをいただいている。また、3年生の授業参観も兼ねており、保護者も熱心に参観（傍聴）し、終了後のアンケートに建設的な意見を多数寄せていただいている。

## 指導目標から見た成果

○自らの課題を設定し、解決をはかろうとして、自己の意思を決定することができる

　プレ研究では、徳島県にかかわる新聞記事を選び、切り抜く作業を行った。その後、記事を10の視点（テーマ）で分類した。10の視点（テーマ）は班ごとに選び、最終的にひとつの班がひとつのテーマで研究を進めていくこととなった。各視点で集められた新聞記事のなかから、自分の興味、関心の高い記事を選びプレ研究を行った。そのため意欲的に研究活動に取り組むことができていた。

○学習を通して獲得した知識・スキルを活用することができる

　プレ研究から本研究まで同一のテーマで研究活動を進めた結果、内容の濃い研究ができた。また1年生から積み重ねてきた学習により得た、調査・研究した内容を読み手にわかりやすくまとめたり、聞き手に伝わるようにグラフや図を用いて発表したりする技能を本研究に活用することもできていた。

○ものごとを総合的に見たり、考えたりすることができる

　本研究での議案書づくりにおいてひとつの政策を立案する際には、その政策を実現するために物事を多面的・多角的に捉え議案としてまとめる必要があった。自分たちの委員会が立案した政策が、ほかの委員会の政策や政党の理念と整合性があるかどうかについて委員会内で入念に検討し、物事を総合的に見た

模擬県議会の様子

り、考えたりすることができていた。

○自らの学びを生かし、未来社会における自己の在り方を追求することができる

徳島の現状を分析し、近未来の徳島をより良い徳島にするために、どのような提言ができるかを考えるなかで、徳島県民としての自分の生き方を考えることができていた。『15歳の提言』や総合的な学習のポートフォリオである『わたしの学び』にも、徳島の未来のために今自分ができることやしなければならないことなどが具体的に記されており、領域総合学習を通して自己のあり方について考えることができていた。また今回の学習を通して、徳島の課題ばかりにとらわれるのではなく、徳島の「良さ」に気づく生徒も多く、その「良さ」を大切にしていきたいという郷土愛も育まれた。

## 「15歳の提言」へのまとめ

毎年、学習の最後にすべての生徒が『15歳の提言』という形で、各自が取り組んだ課題と解決策、将来への思いについてまとめたものを冊子にしている。子どもたちがこの冊子を将来、末永く手元に置いて、未来に出会うであろう予測困難な問題に直面しても、この取り組みを自信にして、しっかりとその解決策に知恵を絞ってくれることを期待している。そして将来、地元で生活をつづけても、はなれた場所で生活をしているとしても、郷土に対する思いを大切にして、いくつになってもさまざまな形でふるさとと発展のために「○○歳の提言」を発信しつづけてくれることを期待している。

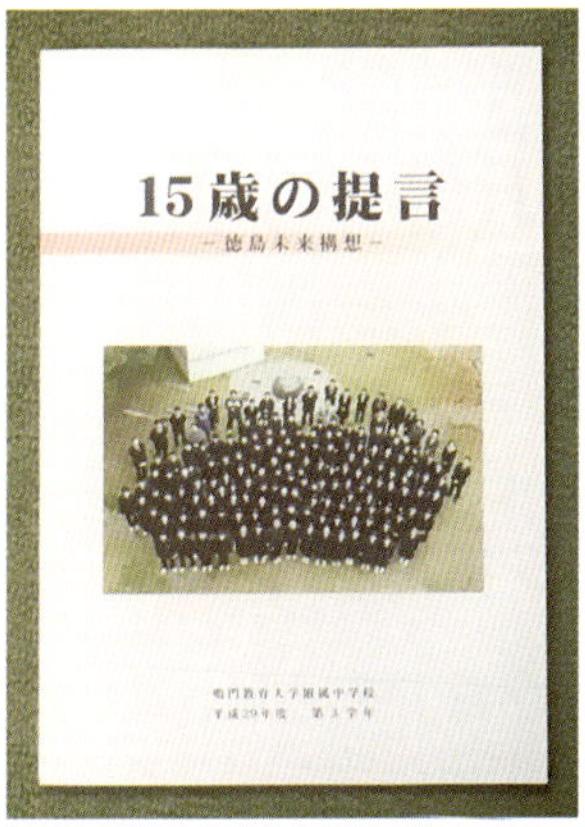

学習の集大成となる『15歳の提言』

## これからの構想

子どもたちの提案を県議会事務局へ届けるという案もあったが、たんに提出するだけでなく、専門的見地から評価されてこそ、子どもたちの自己肯定感につながるとともに今後の本校における模擬県議会、そして総合的な学習の時間のレベルアップにつながると考えている。そこで、可能なら本校出身の代議士などに全校生徒の前で模擬県議会での提案をもとに講演をしてもらえないかと考えている。その一方で本研究に関する注目度は高まっており、とりわけ成人年齢引き下げで高等学校において主権者教育が実施されはじめるにともなって「模擬県議会的な要素を取り入れた授業開発の参考にしたい」という高等学校からの問い合わせも増えてきている。これからもそれぞれの高校において、本校の模擬県議会を経験した卒業生が、未来の形成者としてしっかりと授業を盛り上げてくれることを期待している。

## DATA

**沿革**

- 1947 徳島師範学校男子部附属校・同女子部附属校にそれぞれ附属中学校が新設され、小学校と併置される
- 1949 男子部・女子部両附属中学校を統合し、徳島師範学校附属中学校が設立される
- 1951 徳島大学学芸学部附属中学校と改称される
- 1966 徳島大学教育学部附属中学校と改称される
- 1986 国立学校設置法施行令の一部改正により、鳴門教育大学学校教育学部附属中学校となる
- 2004 国立大学の法人化にともない、鳴門教育大学附属中学校と改称される

**教育理念**

附属中学校は
・創造的な知性を磨く学問学校である
・情熱的な意志を鍛える鍛錬学校である
・強健な身体を練る体育学校である
・敬和奉仕の精神に生きる人間学校であることを期待する

**主な行事**

新入生歓迎音楽会、ハレルヤ合唱、新年揮毫式、灯火の儀

徳島県徳島市中吉野町1-31
☎ 088-622-3852
www.secsch.naruto-u.ac.jp/

研究事例／東京学芸大学附属世田谷中学校　東京都世田谷区　［執筆者：原口 直（音楽科教諭）］

# あらたな学習指導要領に即した具体的実践
# 生活や社会とかかわる音楽科

教育者を養成する東京学芸大学が持つ幼稚園２園舎、小学校４校、中学校３校、高等学校１校、中等教育学校１校、特別支援１校からなる東京学芸大学附属学校園。文部科学省や国立教育政策研究所などから出される方針を参考にしながら、先進的・実験的な教育研究を行っている。ここでは2021年度から完全実施される中学校の学習指導要領を見据え、はやくから実践を重ねてきた音楽科の取り組みを紹介したい。

## はたして「音楽科」は生活や社会に根づいているか

あらたな学習指導要領において、中学校音楽科の目標は「表現及び鑑賞の幅広い活動を通して、音楽的な見方・考え方を働かせ、生活や社会の中の音や音楽、音楽文化と豊かに関わる資質・能力を次の通り育成することを目指す」とされている。そのなかで、今回はじめて記述されたキーワードは「生活や社会の中の音や音楽、音楽文化と豊かに関わる」という部分である。

音楽そのものは生活や社会に十分に根づいており、老若男女を問わず多くの人たちがさまざまな方法で音楽とかかわっている。しかし、音楽科が生活や社会に根づいているかというと疑問がある。カラオケを歌うとき、コンサートやライブに行くとき、定額制音楽配信サービスや動画サイトにあふれる音楽から好きな音楽を選ぶときなどに、学校での音楽教育が役に立っているといえるだろうか。そこで音楽科と生活や社会を結びつけるために、本校が実践した3つの試みを紹介したい。

## 具体的な取り組み

### (1)音楽科×知的財産権

学習指導要領の改訂のなかで内容・分量ともに大幅に増えているのが、知的財産権に関するものである。現行では「音楽に関する知的財産権について、必要に応じて触れるようにすること」とされていたが、改訂後は「自己や他者の著作物及びそれらの著作者の創造性を尊重する態度の形成を図るとともに、必要に応じて、音楽に関する知的財産権について触れるようにすること。また、こうした態度の形成が、音楽文化の継承、発展、創造を支えていることへの理解につながるよう配慮すること」となる。著作者を尊重し、知的財産権を守ることの意義が明確になっており、教科書にも知的財産権を学ぶページが掲載されている。

では、どうやって音楽科のなかで知的財産への認識を深めていけばいいのか。本校で実践している方法を紹介していきたい。まず概要はつぎの通りとなっている。

対象：中学校第3学年
題材名：知的財産権を学び、関心をもとう
教材：『翼はいらない』
秋元康作詞・若田部誠作曲・AKB48演奏
授業内容：50分×2時間
①著作権に関する講義
②図書室を活用した調べ学習
③グループ活動
④レポート作成

ついで、授業内容の各項目について解説していく。

#### I．著作権に関する講義

・OECD加盟国の学習調査の意識調査で「クリエイティビティのある国」として他国の子どもは「日本」をあげているが、日本の子どもは「自分にクリエイティビティはない」と答える。そうした事実や国際収支において日本が知財関連で大きな黒字であることを知ってもらう。

・『翼はいらない』を鑑賞し、音楽の要素を聴き取る。

※選曲理由は昨年のCD売上枚数がもっとも多いから。

・昨年のCD年間売上枚数1～5位を提示し、演奏者やつくった人にいくら収入が入るかを説明する。

・昨年の著作権使用料1～5位を提示する。

・実際にCDを手にして、パッケージや付属品、かかわる人や会社を意識させる。

・著作権に関する○×クイズを行う。

例：「買ったCDを自分が楽しむためにポータブルオーディオに取り込んだ」「動画サイトに『歌ってみた』をアップロードした」「SNSに好きな曲の歌詞を書いた」など

### 2.図書室を活用した調べ学習

学校司書が準備をした書籍や資料、タブレット端末を使って、レポート課題である「知的財産権に関して、どのような問題が起きているか、どのような問題が考えられるか」を考える。

### 3.グループ活動

5人組になり、一人ひとりが調べた内容について、ほかの4人に発表する。これにより、情報が5倍になったり、違った角度からの知識を得たりして、短時間で効率的に情報収集できる。

### 4.レポート作成

「知的財産権に関して、どのような問題が起きているか。また、どのような問題が考えられるか」について、自分が調べた内容やグループ活動で得た情報を踏まえて、意見をまとめていく。

≪生徒の意見≫

授業後の感想については「知的財産権について知らなかった」が半分以上を占めていた。また、法があることやその内容を理解したことで、実際に動画サイトに違法アップロードされたコンテンツが数多くあることを知り、法が守られていない現実があることを指摘していた。さらに中学生には良し悪しの線引きがしづらいということも問題としてあげていた。

≪生活や社会とかかわる音楽科≫

生活で触れている音楽すべてに、つくった人、演奏している人、支えている人がおり、知的財産権を侵害することはこれらの人々の生活や音楽文化そのものを揺るがす可能性があることを知る。

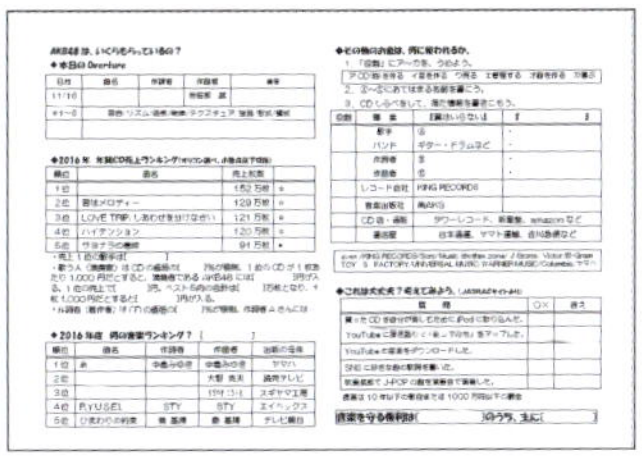

上／「知的財産権を学び、関心をもとう」の授業風景　下／「知的財産権を学び、関心をもとう」の授業で使用したワークシート

## (2)音楽科×CSR活動(企業の社会的貢献)

ついで、コンサートに足を運ぶことで、そのホールを運営している企業のCSR活動に目を向けてもらう授業について紹介する。概要はつぎの通りだ。

対象：中学校第2学年
題材名：オーケストラやコンサートに関心をもち、楽曲の知識を身につけよう
教材：『交響曲第5番ハ短調』ベートーヴェン作曲
授業内容：50分×2時間
①コンサートに行くための準備を提案
②楽曲、作曲者、楽器、形式、『動機』について学習
③オーケストラ、コンサートについて学習
④グループ活動

以下、授業内容について紹介したい。

### 1.コンサートに行くための準備を提案

・実際に『交響曲第5番ハ短調』が演奏されるコンサートのチラシやサイトを見せて、どのような準備が考えられるか意見を出させる。

≪生徒の意見≫

「演奏する人」「作曲した人・他の作品や演奏」「楽器」「会場までにアクセス」「服装」を調べておくといった意見があった。

### 2.楽曲、作曲者、楽器、形式、『動機』について学習

・教科書にしたがって、基礎的な楽曲に関する知識を学ばせる。

### 3.オーケストラ、コンサートについて学習

・オーケストラは日本に25団体、うち関東首都圏に11団体(日本オーケストラ連盟に加盟)があることを知ってもらう。

・23区内にある収容人数の多いホールは12カ所であることを知ってもらう。

・オーケストラ、ホールともに維持には費用が

かかることを示す。

例：維持費は年間約7億円であり、演奏収入は56%でそれ以外は国や地方からの税金であることを示す(神奈川フィルハーモニー管弦楽団サイトより)。ホールも同様でほとんどが国や地方の税金である。

・収入面が厳しい状況にありながら、企業が支えるオーケストラ(NHK、読売)やホール(NHK、サントリー)があることを示す。

・「なぜ企業がオーケストラやホールをもつのか」考えさせる。

### 4.グループ活動

≪生徒の意見≫

「企業の宣伝になる」「企業イメージがアップする」「ほかの事業で利益を上げている」「番組や紙面づくりに直結する」といったものから「サントリーのビールをホールで売る」「社長が音楽好き」「社員やその家族へのサービス」など多彩な意見が出た。

≪生活や社会とかかわる音楽科≫

将来、音楽家になる生徒はごく少数であり、大半は企業に勤めることになる。が、一見すると音楽とまったく関係のない企業が音楽文化や音楽活動を支えている例は多い。合唱や吹奏楽のコンクールを支える企業、音楽番組を制作する企業、若い音楽家の留学や学費の支援をしている企業などがそうである。この授業を通して、生徒が社会人になったときに企業が音楽をはじめ芸術や文化に貢献していることに納得したり、誇りを持つようになってほしいと思う。

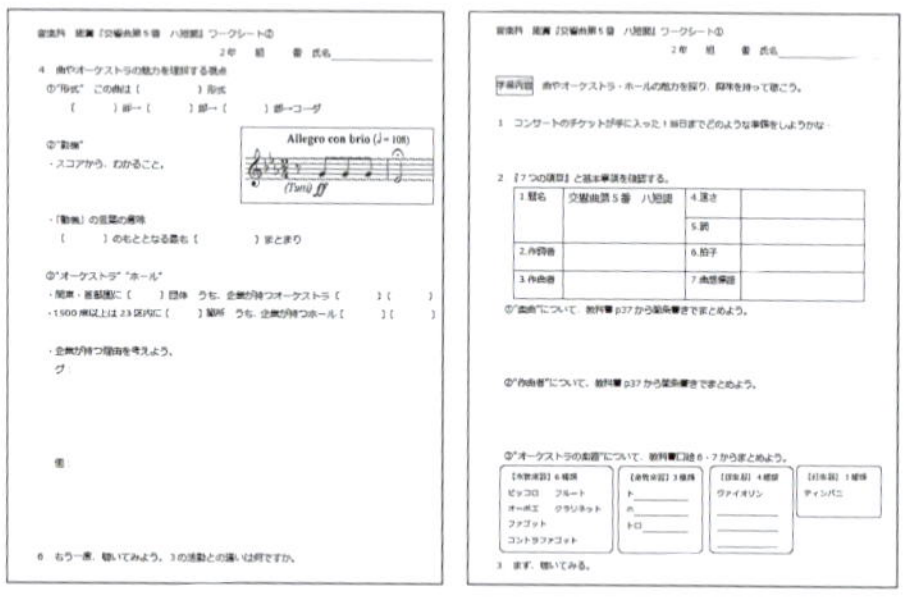

「オーケストラやコンサートに関心をもち、楽曲の知識を身につけよう」の授業で使用したワークシート

## (3)音楽科×税金

芸術と税金は一見すると、かけはなれたものであるように思えるが、多くの伝統芸能は税金をベースにした助成金などに支えられている。そこで、伝統芸能の鑑賞とあわせ、それを守ることの意義や守るための方法について考えていく。

授業はつぎのように進めていった。

> 対象：中学校第3学年
> 題材名：文楽を鑑賞し、これを取り巻く環境に関心をもとう
> 教材：文楽『菅原伝授手習鑑』〝桜丸切腹の段〟
> 授業内容：50分×2時間
> ①鑑賞
> ②歴史、舞台、役割、助成金の実態を学ぶ。
> ③グループで調べ学習
> ④「文楽を守れるか」について議論と結論

### 1.鑑賞

・あらすじと床本を配布し、10分程度の場面を鑑賞する。

### 2.歴史、舞台、役割、助成金の実態を学ぶ

・教科書に載っている程度の文楽の歴史や舞台、人の役割について解説する。

・大阪市が約5000万円あった助成金を減額したニュースを見せる。

### 3.グループで調べ学習

・「歴史」「人形」「職業」「作品」「新たな視点」の5つのグループに分かれ、図書室の資料を使ってさらに詳しく調べる。とくに「新たな視点」グループは文楽が行っている他分野とのコラボレーションや集客のための取り組みについて、新聞やタブレット端末を使って調べる。

・各グループからひとりずつ集めたあらたな混合グループをつくり、得た知識を披露してもらう。

### 4.「文楽を守れるか」について議論と結論

・いろいろな情報を踏まえて、グループで「文楽を守れるか」について議論する。税金を使って文楽を守ることについて、意見を出し合う。

・個々で結論を出させる。

≪生徒の意見≫

「伝統なのだから守るべきだ」「守るべきだが今のままでは難しい」「借金の多い日本に助成する余裕がない」といったものから、具体的に「海外からの旅行者に魅力をアピールする」「時間を短くしたり、言葉をわかりやすくしたり工夫をする」「(現在は男のみだが)女性にも門戸を広げる」といった意見が出た。

≪生活や社会と関わる音楽科≫

生徒たちが、税金が文楽をはじめ、音楽文化や伝統芸能を支えているという認識を持つことができた。もちろん、授業のなかでは文楽の魅力も十分に伝えるように心がけた。たとえば東京公演では切符が手に入りにくい現状や子ども向けの公演、歴史や技術に基づいた素晴らしい芸能であることを実体験にもとづいて伝えた。

「文楽を鑑賞し、これを取り巻く環境に関心をもとう」の授業風景

## 「音楽は役に立っている」と胸を張れる授業を

合唱の授業が責任感やコミュニケーションを養う、鑑賞が感性を養うというように、これまでの授業でも音楽が生活や社会に役に立っているといえる部分はあった。しかし、今回の学習指導要領の改訂で「生活や社会」というテーマが明確に打ち出されたことにより、具体的・効果的に生活や社会に結びつけなくてはならないと強く感じている。そしてそうなれば、音楽科は今まで以上に中学校において必要な科目であると胸を張っていえるようになると思う。

本校では今回紹介したほかにも「社会を動かす音楽の力」「自身の音楽の嗜好に迫る」といった授業を展開している。いずれの授業も「生活や社会」に直結した授業であり、このような授業を行うにはつねに情報収集をして、音楽や音楽科に関してアンテナを立てておく必要がある。音楽教室の著作権に関するニュース、動画サイトにテレビ番組をアップロードした人が摘発されたこと、改築によるホール不足の問題、わが国の税金使途の現状、デモ行進に使われる音楽、音楽の聴き方・選び方の多様性など、授業のネタになることはいくらでもある。教材は変わらなくとも、ニュースや時代背景、改訂される学習指導要領に対応した最新の情報を取り入れ、授業を行っていくのは当然のこととしてなされるべきだろう。

## 本校の取り組みから見えること

本校における活動を通して気づいたのは、このように「生活や社会」にかかわる授業を行うと、生徒が自然に音楽と他教科のさまざまな学習を結びつけるようになるということだ。知的財産権ならば国語科の引用や社会科の権利について、税金であれば社会科の経済といった具合に、教員の予測を超えてほかの学習とのつながりを見つけている。このように複数の教科を横断的につなげられたのは、この学習の大いなる副産物だったといえる。

## DATA

**沿革**

| | |
|---|---|
| 1947 | 東京第一師範学校男子部附属中学校が世田谷区下馬に開校 |
| 1949 | 東京学芸大学東京第一師範学校世田谷附属中学校と改称 |
| 1951 | 東京学芸大学学芸学部附属世田谷中学校と改称 |
| 1952 | 世田谷区深沢（現校地）に移転 |
| 1966 | 東京学芸大学教育学部附属世田谷中学校と改称 |
| 2004 | 国立大学の法人化にともない、東京学芸大学附属世田谷中学校となる |
| 2017 | 創立70周年記念式典 |

**教育理念**

本校では今後の社会を見据えて、文化の創造と発展に貢献できるような力を備えた生徒育成を目指しています。21世紀の社会を豊かに生きるためには、高度に発達した情報化社会の中で、情報を活用し問題を解決できる力と人間関係をつくる力が重要だと考えています。授業研究等を通しての先進的な教科・領域研究の開発と検証を行い、新しい教育のあり方を研究する場であるとともに、地域の拠点校として現職教員研修を行う場としての役割を推進しています。

**主な行事**

オリエンテーションキャンプ、芸術発表会、秩父長瀞野外実習、テーマ研究発表会

東京都世田谷区深沢4-3-1
☎ 03-5706-3301
www.u-gakugei.ac.jp/~setachu/

研究事例／**金沢大学附属特別支援学校** 石川県金沢市

［執筆者:吉岡 学(教諭)］

# 交流及び共同学習による知的障害児の交通安全教育

他校との交流及び共同学習で、知的障害児の交通安全教育を実施した金沢大学附属特別支援学校。高校生の提案による仮想の町並みを使った交通安全教育は、児童たちの成長に大きく貢献した。その取り組みの経緯や過程、そして成果をお届けしたい。

## 障害者の交通安全教育が重要

障害者がほかの人々と共生できる社会の実現を目的とした障害者総合支援法が2013年に施行された。これにより知的障害児・者の移動のための社会基盤整備・支援のあり方が問われている。そして自立した日常生活および社会生活の実現につながる社会基盤整備を推進するためには、知的障害児・者の移動スキルの育成を目的とした交通安全教育が重要に。

しかし、2017年に全国特別支援学校（知的障害）および養護学校小・中・高等部設置（重複障害による学校、分校および分教室は除く）442校を対象に実施された知的障害児・者の交通安全教育に関する調査によると、交通安全教育を系統的に実践している学校現場はきわめて少ないことがわかった。そして、知的障害のある児童・生徒にわかりやすい教材が不足していること、好ましい指導設定が難しく指導の限界を感じている教員が多いことなど、多数の教育的課題が浮き彫りになった。

そこで本実践では、そういった教育課題を解決するため、知的障害のある児童・生徒に対して交通安全学習の好ましい指導設定はどのような状況に設定すべきなのか、またわかりやすい教材とはどのような教材であるのかを明らかにすることを目的とした。

［知的障害児・者の交通安全教育に関する調査の結果］

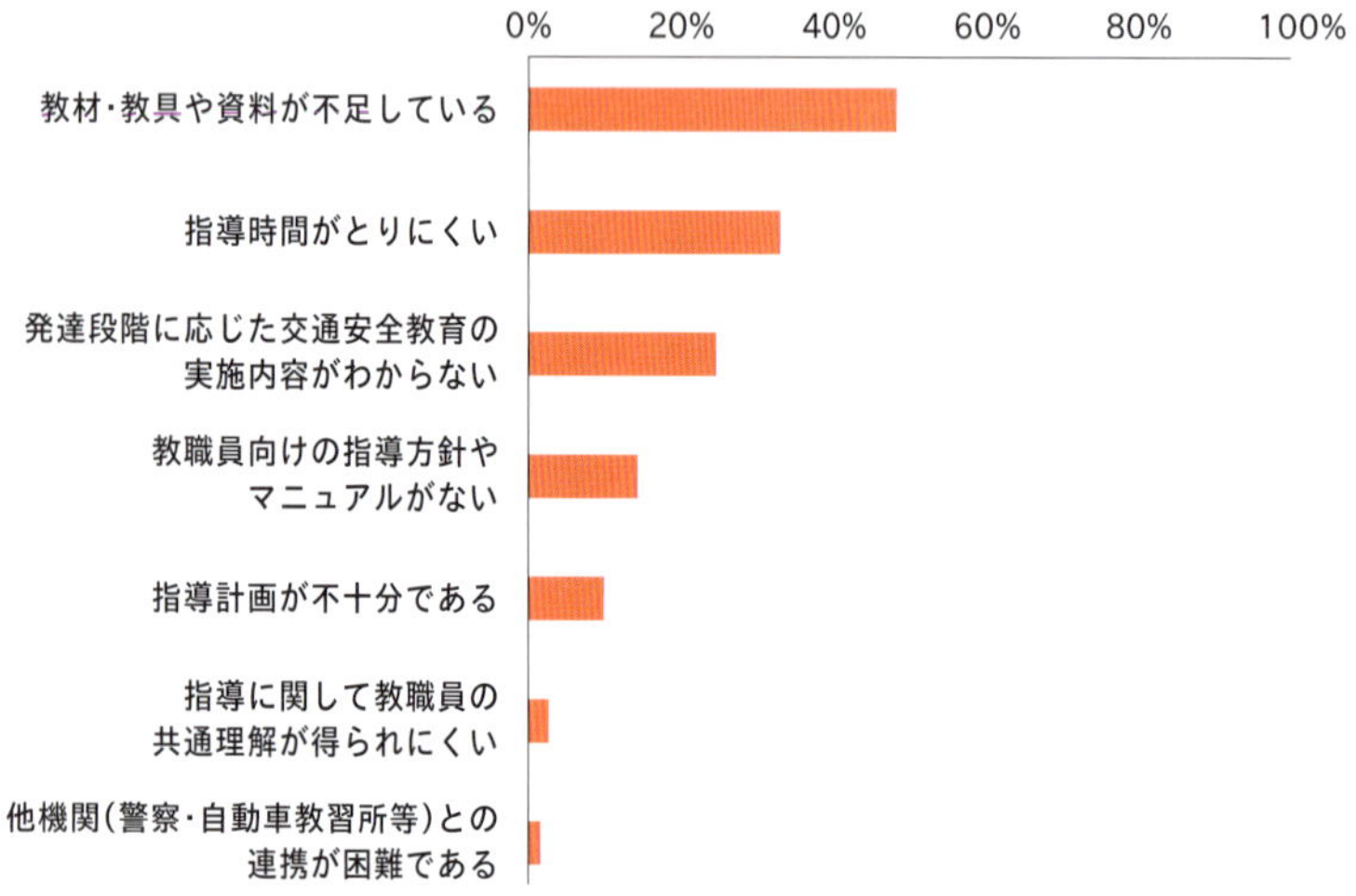


## 対象と学習形態

本実践の対象は本校小学部16名。指導形態は幼稚園および工業高校との交流、共同学習を中心に行った。その理由として、交通安全教育は、すべての校種に共通した学習課題であり、障害のある子どもと障害のない子どもが一緒に参加できる学習活動として捉えやすいこと、また児童がさまざまな人とのふれあいを通じて、社会（交通ルール）への興味・関心を高め、主体的に学習に取り組む姿勢を育成できるのではないかと考えたからだ。加えて、交流先の生徒が知的障害児への理解（バリアフリー）を深めたり、おたがいが学び合い、高め合うことができたりするのではないかとも考えた。

## 活動内容

### （1）工業高校との交流及び共同学習

①事前打ち合わせ

今回の交流及び共同学習を行うにあたって、両校の教育目標にどのように合致しているのか、また、どのような教育的効果をもたらすのかを明らかにするため、授業担当者間で打ち合わせを行った。そうすることで、両校の組織の有機的な連携や協力体制が確保され、活動の意義やねらい、各学校や学級の教育の実際、健常の生徒と障害のある子どもへの接し方などについての共通理解が進んだ。

②指導計画作成

交流及び共同学習の実施にあたって、年間指導計画や活動ごとの指導計画を作成する必要がある。そのため、教育課程上の位置づけ、評価計画、交流及び共同学習の形態や内容、回数、時間、場所、両者の役割分担、協力体制などについて事前に十分検討を行った。

今回の本校小学部の年間指導計画上の位置づけとしては「地域社会から社会のさまざまな仕組みを知ろう」という学習目標のなかで交通安全教育を取り扱うことにし、指導形態は生活単元学習とした。1学期にはおたがいを理解し、認め合うための交流学習を行い、2学期には実際に両者で横断歩道の渡り方についての共同学習を体験しながら行うことに。3学期はその共同学習内容についての振り返り学習と2学期での学習を再度確認するための共同学習を行うことにした。

役割分担も綿密に行った。本校児童には信号機や横断歩道のルールを学習してもらい、社会の仕組みを経験してもらうことを役割のひとつとした。一方、工業高校の生徒においては、知的障害のある児童の困難性の理解、交通安全規則の理解、知的障害児が学習しやすい信号機や横断歩道の制作など、教材の制作および他者理解、障害理解を中心とした学習を行うことを役割とした。

評価計画では、1学期は交流学習の際の活動の様子や発言、変容を丁ねいに見取ることにした。2学期は信号機と横断歩道の渡り方の共同学習をルーブリック評価によって行った。3学期は1学期と2学期の評価方法を合わせた形で行った。

③活動の様子

工業高校との交流学習初日、児童は高校生に興味を示すことがなく、みずから接することはなかった。また、高校生が児童に近づくと、児童は高校生を避けるような行動を取っていた。このような状況だったため、高校生は児童とどのように接すればよいのか戸惑っているようだった。

初日の交流学習終了後、高校生が書いた文章のなかには「事前学習で学んだことを、実際の児童と接するときに、どのように生かすべきなのか迷うことが多かった」「児童の少ない会話から気持ちを理解し、つぎの会話につなげている先生方には驚いた」といった意見が述べられていた。

その後、遊びなどを通して交流学習をつづけていくうちに、児童も高校生と打ち解け合うようになり、児童から高校生にいろいろな要求を求める姿が見られるようになった。また、高校生のなかには、どのような部分で児童が困難性を示すのか、どのようなことが理解できないのかなど、児童と遊びながらノートに書き込み、児童へのさらなる理解に励む姿も見られた。

ついで2学期には、共通の課題（横断歩道の渡り方）による共同学習ができるように、各学校で最初にさまざまな事前学習を行った。児童は生活単元学習の時間にそれを実施。教師は児童が横断歩道の渡り方を学習する必要性に気づくための学習環境をどのように設定するかを考えた。その結果、児童が実際に地域のお店に好きな物を買いに行き、その途中で横断歩道を渡らなければならないという学習環境を設定した。

地域のお店に出向く前には、実際のお店と同様のレイアウトのお店を教室で再現し、そのなかで好きな商品を購入するという学習を行った。その購入学習を児童らが習得した後、事前に教師が実際のお店に行った動画を児童に見せた。その動画では、かならず信号付き横断歩道を渡って行く場面をクローズアップしておいた。教師はその動画を見せながら、児童にこの横断歩道を渡らないとお店に行くことができず、好きな物が買えないことを繰り返し伝えた。そうすることで、好きな物をお店に買いに行くという購入学習と、お店に行くには交通ルールを守って横断歩道を渡らなければならないという交通安全学習のふたつの要素を認識できるようにしたのだ。

　一方、工業高校の生徒は、課題研究という時間を使って事前学習を行った。最初に知的障害とはどのような障害であるのかを、特別支援学校の教員による講義で学んだ。このように各学校間で授業を行い合うことの効果は大きい。現に講義の終了後、高校生は「知的障害は正直、非常に怖いイメージがあったが、実は生活するうえで、彼らはとても苦労していることがわかった」「僕が想像していた以上に大変な障害であることがわかった」など知的障害への理解をより深めていた。

　この障害理解ための学習後、高校生は正しい交通ルールや横断歩道の渡り方を警察署に出向いて調査したり、信号機メーカーに技術指導を依頼したりして、さらに準備を重ねていった。肝心の信号機の制作に関しては、専門的な技術や知識を多数必要とするものだったが、何日もかけて、着実につくりあげていった。その結果、実際の路上用信号機と同様に、車両用信号機、歩行者用信号機、横断歩道を一式とした素晴らしい教材をみずからの力でつくりあげることに成功。生徒たちからは「子どもたちにわかりやすい信号機をつくりたかったが、とても難しく、時間がかかった」「実際に、自分たちで制作できるのか心配だった。ときには、プレッシャーで押し潰されそうだったが、完成して本当に嬉しかった」「辛かったけど、完成できて嬉しい。今度は、これを使ってどのように子どもたちに教えればよいのか、とても悩んでいる」などさまざまな感想があった。

　共同学習当日は、高校生が本校に来て、学習を行うことになった。テーマは「横断歩道の渡り方を学習しよう」と設定され、体育館に仮想の町をつくって、そこで児童たちに交通ルールを遊びながら学んでもらい、指導は高校生がみずから担当することになった。

　ちなみに、この学習形式は教師側からの提案ではなく、高校生自身からの提案によるものだった。高校生との授業計画の打ち合わせのなかで、ただ信号機と横断歩道を持ってきて学習しても効果がないのではないかという提案が出されたのだ。そこで、どのような形態が良いのかを幾度となく打ち合わせた結果、実際の町並みを体育館で再現し、その仮想の町並みを使って交通学習を総合的に行おうということに。仮想の町並みは、児童が聞いたことのある言葉を使って「けんろく☆プチタウン」という名前になった。

　この「けんろく☆プチタウン」には「買い物ごっこエリア」「バスの運転手ごっこエリア」「ドラ焼き屋さんごっこエリア」「プールごっこエリア」「ボーリング場ごっこエリア」などが配され、いずれのエリアでも児童が楽しんで遊ぶことができるようになっている。またエリアの間を児童が移動する場合には、模擬バスを使って移動したり、信号機を見て、横断歩道を渡って移動するようにした。実際に各エリアの児童集団が活発に活動しはじめ

[「けんろく☆プチタウン」の配置]

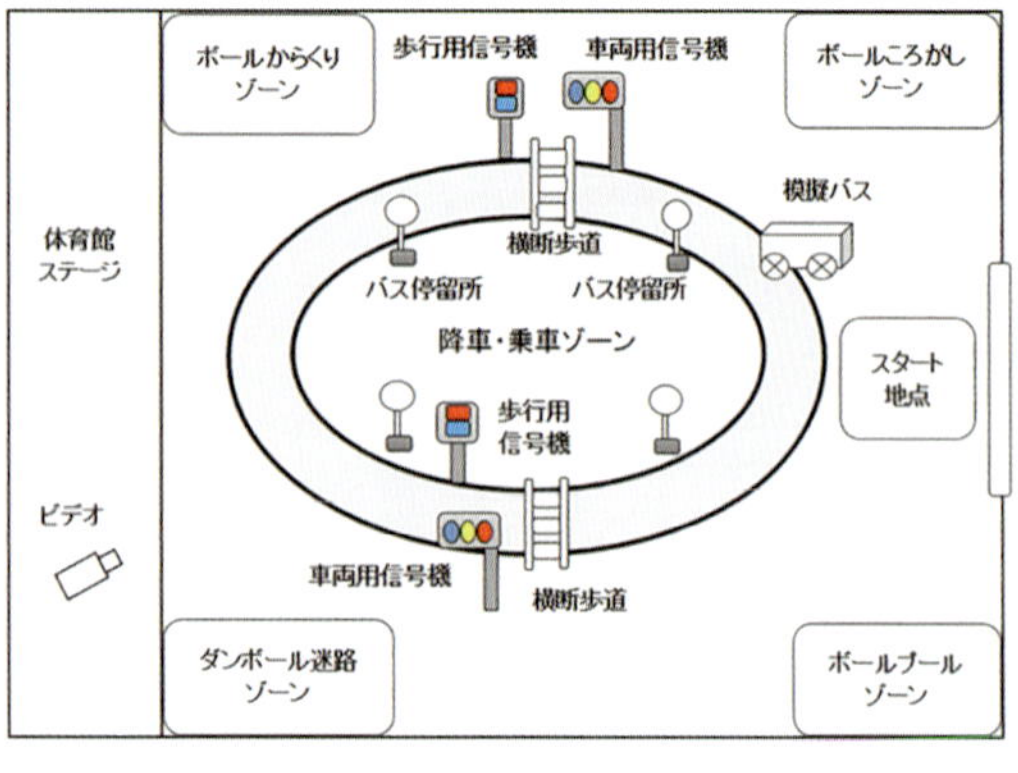

「けんろくプチタウン」での交流・共同学習

ると、児童たちは自分が属するエリア以外にも興味関心を示し、各エリア間を行き来するようになってきた。またその移動時には、高校生が指導役となって児童たちに信号機に関するルールやバス・車の動きなどを教え、児童たちは自然に学習に取り組めていた。

今回の交流・共同学習においては、さまざまな成果が得られた。当初、高校生にとっては障害理解や交通安全学習用教材の制作が目的であり、児童にとってはその教材を使って交通安全教育を学習することが目的だった。しかし、本実践を進めていくことで、高校生は児童に対し、交通安全学習を自然な形で楽しく学習してもらおうと計画し、主体的に学習の運営と展開をしていくようになった。加えて、児童は1学期の交流学習により、高校生との信頼関係が構築されていたため、みずから楽しんで今回の共同学習に取り組むことができた。

年末には、高校生と児童が今回の学習を振り返る目的でクリスマス会を計画し、児童へ信号色にピカピカ光るランタンのプレゼントがあった。一方、そのことに対して本校児童からも、工業高校生にお礼をしたいという意思表示があった。

そこで、3学期には児童たちみずからが、工業高校に出向いてお礼の気持ちを伝えるための学習を行った。お礼の手紙を楽しそうにつくる児童、絵でお礼の気持ちを表現する児童、工作品でお礼を表現する児童など、一生懸命に行っている姿が見られた。

工業高校の生徒にお礼の気持ちを伝える児童たち

## 課題について

一方、今回の交流・共同学習には課題もあった。年度当初、交流及び共同学習を計画する際、両校の日程調整がなかなか合わなかったことである。そのため、授業時間を変更せざる得ない場合があり、児童が不安になる場面もかなり見られた。今後はこの点を改善していきたいと考えている。

最後に、今回の授業にかかわってくださった先生方に感謝の意を示したいと思う。

## DATA

**沿革**

1949 金沢大学石川師範学校付属小学校に特殊学級が開設
1964 金沢大学教育学部付属養護学校として独立開校
1967 金沢大学教育学部付属養護学校の新校舎落成。高等部設置
1988 「付属養護学校」から「附属養護学校」に記名変更
1996 日常生活訓練施設「すずかけの家」新築
2001 校舎改修、体育館新築。ベトナム、ヤ・ティーン(タウマウ)障害児学校と5年間姉妹校提携
2007 金沢大学教育学部附属特別支援学校に改称
2008 金沢大学人間社会学域学校教育学類附属特別支援学校に改称
2014 金沢大学附属図書館医学図書館にプラタナスカフェ開設

**教育理念**

本校は、心身の発達に遅れや障害のある児童生徒に対して、その実態に即した指導を行うことにより、一人ひとりの全面的な発達を促し、その子らしく精一杯生きる力を育てることをめざす。

**主な行事**

災害非難訓練、スポーツ交流会、夏季合宿、学習発表会、修学旅行

石川県金沢市東兼六町2-10
☎076-263-5551
partner.ed.kanazawa-u.ac.jp/futoku/

全国国立大学附属学校連盟のミッション

# 激動の時代を生き抜く子どもたちを育てるために 全国国立大学附属学校連盟と附属学校園がはたす役割

全国の国立大学附属学校園によって組織されている全国国立大学附属学校連盟。ここではその活動内容とともに、全国の附属学校園がこれまでにはたしてきた役割と今後はたすべき役割について述べていきたい。

## 全国国立大学附属学校連盟について

2018年4月現在で、全国国立大学附属学校連盟には256校の附属校園が加盟している。国立大学の附属学校園は、歴史的にも優れた教育を実践し、また多くの有能な人材を輩出してきた。しかしながら、社会の急速な変化のなかで、附属学校園にはさらなる役割を担うことが求められている。

そこで本連盟は、地理的に広範囲に広がる全国の国立大学附属学校園間の相互の連携をはかり、それぞれの附属学校園が抱えている課題の解決に知恵を出し合い、得られた教育研究の成果の共有を進め、わが国の教育の質的向上に資することをその使命としている。ここではそんな全国国立大学附属学校連盟の取り組みとこれから附属学校園がはたすべき役割について紹介したい。その内容は大きく以下の5つに分類される。

### 1．教育改革の拠点校として新しい時代の教育の創造を推進

課題が山積するわが国の教育に対して、国立大学附属学校園は創造的な取り組みを行い、それらを広く伝えていくことが求められている。そこで、本連盟では全国の国立大学附属学校園の持つリソースを集約し、それを公教育に向けて発信することにより、国の教育政策に資する研究と実践を提示している。

### 2．大学・学部と一体になり地域と連携した取り組みを推進

教員養成においての大学・学部との連携に留まらず、教育研究や学校運営について、大学・学部および附属学校園間との連携を推進する。また、地域の教育委員会と連携した取り組みを支援し、地域で附属学校園のはたしている機能について積極的に可視化を行う。

### 3．新しい教育課題に対応した教育実践を提案

主体的・対話的で深い学び（アクティブ・ラーニング）、ICT教育、国際教育、道徳教育、特別支援教育、幼小・小中連携など、附属学校園がこれまで先導的に進めてきた附属ならではの教育実践や教員養成、研修など、公教育で活用され得る教育活動を提案する。

### 4．委員会活動を充実させる

本連盟は3つの常設委員会とひとつの特別企画委員会を設置し、情報の共有をはかりながら、教育環境の整備に向けて活動を展開している。各委員会の活動は以下の通りである。

・教育研究委員会

附属学校園の研究にかかわる課題や情報発信、地域への還元の状況について調査を行い、新しい時代の教育につながる取り組みの実態を中心に教育研究成果を全国に発信する。

・学校運営委員会

有識者会議報告や教職員の働き方の問題などを考慮した学校運営に関する調査・研究を通して実態を把握し、提言を行う。

・情報広報委員会

全国国立大学附属学校PTA連合会と協働して機関誌『附属だより』の編集・発行を行っている。

また本連盟のホームページを活用して、附属学校園の魅力に関する情報発信を行う。

・特別企画委員会

本委員会はほかの常置委員会とも連携し、わが国の教育改革と関連した附属学校園の取り組みの実績、研究成果に基づき、附属学校園の存在意義をアピールする。2017年度8月に示された「国立教員養成大学・学部、大学院、附属学校の改革に関する有識者会議の取りまとめ」に対応すべく、積極的に活動を継続している。

5．関連団体との連携を強化

校園長会、副校園長会、各校種別研究会、各地区大会などの充実をはかるとともに、日本教育大学協会および全国国立大学附属学校PTA連合会との連携を強化し、附属学校園の教育環境の整備に取り組む。第3期中期目標・中期計画を着実に実行し、附属学校園の組織運営や指導体制を検討する。

全国中高一貫教育研究会 Newsletter 01

中高一貫教育への期待

2005年2月に発行された『全国中高一貫教育研究会Newsletter第1号』

## 全国国立大学附属学校園を取り巻く状況と方向

国立大学は法人化後、6年ごとに中期計画を立て、その達成度によって評価を受けるという仕組みになっている。2010年度からの第2期中期計画の期間中には、すべての国立大学・学部はミッションの再定義を行い、教員養成系大学・学部は教員養成および国や地域への貢献をその主要な使命であると位置づけた。現在は2016年度から開始された第3期中期計画の期間であり、全国の国立大学附属学校園はそれぞれ計画の実現に向けて、着実に歩みを進めている。

なお、大まかな教育の方向性については、2014年3月に文部科学省が「育成すべき資質・能力を踏まえた教育目標・内容と評価の在り方に関する検討会―論点整理」で示しており、2017年3月には「幼稚園、小学校、中学校、高等学校及び特別支援学校の学習指導要領の改善及び必要な方策等について」を公示している。国立大学附属学校園はこれらを指針としながら、新しい時代にふさわしい学校運営、教育実践に取り組んでいる。

もうひとつの重要な動きとして、2017年の8月に文部科学省が示した「教員需要の減少期における教員養成・研修機能の強化に向けて―国立教員養成大学・学部、大学院、附属学校の改革に関する有識者会議の取りまとめ」がある。このなかでは教員養成大学・学部、大学院とともに、附属学校園のあり方についても報告されているが、その存在意義を問う厳しい内容も含まれている。と同時に大学とのより強固な連携のもと、それぞれの附属学校園の特色を明確にし、みずからの意思で改革を推進し、教員養成、地域貢献、教育研究の成果の発信などをこれまで以上に実効性のあるものにすることが求められている。それには、大学・学部の現状と今後の見通しを明らかにしながら、各大学間において情報を共有することが必要だと思われる。

そこで本連盟は昨年、全国の附属学校園に向けて調査を実施。その結果、組織改革、教育実習の拡充、教職大学院との連携、研究の公開・活用、地域貢献のあり方など、実に多くの学校園が積極的な取り組みを行っていることが明らかになった。一方、実施しているさまざまな事業を地域に周知させることに関しては、多くの検討の余地が残されていることがわかった。附属学校園はこれまでも優れた取り組みを実践し、地域への貢献を行ってきたが、これからはそれらを地域の方々に自信を持って示し、認めていただけるかどうかが重要である。本連盟はこの点を念頭に置いて活動していきたいと思う。

## これまでの附属学校の教育研究について

では、これまでに附属学校園はどのような取り組みを実施してきたのか。そのあたりをあらためて概観してみたいと思う。

1．教育制度の複線化を先導的に研究した事例

戦後、日本の学校教育は、633制の単線化政策をとって定

附属学校の取り組みの一例（生徒たちが自分でつくりあげた「夏祭り」）

附属学校の取り組みの一例（2014年8月にはパリで東北の魅力をアピールするためのイベントを企画・実行した）

着してきたが、1971年に中央教育審議会答申（46答申）が出され、附属学校園には初等中等教育の学校体系の改革に関する先導的試行や高等教育機関の種別化・類型化による高等教育の多様化、教育の機会均等の実現をはかる量的拡充方策、教育課程や教育方法の改善、教育条件の水準維持、教員の養成・研修・待遇改善などが求められるようになった。

それに先立ち、広島大学附属福山中・高等学校では1962年から「中高一貫教育の研究と実践」についての研究を実施し、1968年には同じタイトルの著作を出版。また、東京大学教育学部附属中・高等学校では1966年から完全中高一貫教育を実施した。さらに46答申後には、1973年に奈良女子大学文学部附属中・高等学校が6年一貫教育を実施している。

こうして各地で中高一貫教育の実践的研究が行われるようになった結果、1980年に全国普通科高等学校長会の教育制度研究委員会が「新しい学校体系と高校試案」を作成し、6年制中高一貫学校の設置を提案することに。そして1985年には、臨時教育審議会の「教育改革に関する第一次答申」で中等教育の一層の多様化・弾力化をはかる観点から、あらたな学校制度の選択肢として6年制中等学校の設置が提言された。その後、1998年の学校教育法改正まで10年以上の年月を要したのは、初等中等教育段階の複線化によって教育の機会均等の原則に反するのではないかとの指摘があったためだが、教育における形式的な平等の重視から個性の尊重への転換をはかる必要があるとして、中高一貫教育の選択的導入による複線化が実現した。公立では1999年に宮崎県立五ヶ瀬中等教育学校が設置され、国立では2000年に東京大学教育学部附属中等教育学校と奈良女子大学文学部附属中等教育学校、名古屋大学教育学部附属中・高等学校（併設型）が設置された。そして2002年には、国立大学附属3校が中心となって全国中高一貫教育研究会を設立し、全国の国公私立中高一貫校がそれぞれの課題を持ち寄り、成果を発表しあう体制が整った。当初予定されていた全国に500校の中高一貫学校を置くという目的はすでに達成されており、国立大学附属中高一貫学校は東京学芸大学附属国際中等教育学校、神戸大学附属中等教育学校も含めて、中高一貫教育のあらたな課題に取り組んでいる。

複線化のもうひとつの例として義務教育学校についても触れておきたい。義務教育学校の制度化は2015年に学校教育法の改正によって行われ、2016年から施行された。これについては広島県呉市が2000年から研究開発学校による小中一貫教育の取り組みを最初にはじめた。その3年後に京都教育大学附属京都小中学校でも小中一貫教育の研究が開始され、2010年には432区分制の小中一貫学校となり、教育課程の研究開発に取り組んできた。義務教育の複線化にはさまざまな議論があるが、実験的に実証研究を進める学校として国立大学附属学校の役割をはたしてきたといえるだろう。

## 2．先導的教育研究事例

・総合的な学習の時間導入までの研究事例

1998年の学習指導要領の改訂により総合的な学習の時間が創設され、小中学校では2002年から、高等学校では2003年から導入された。国立大学附属学校の先行事例としては、1983年から滋賀大学教育学部附属中学校が「びわ湖学習」の実践研究をはじめ、BIWAKO TIMEに引き継がれてすでに35年の実践歴がある。2000年には鹿児島大学教育学部附属小学校が『総合的な学習の時間に創る「のぞみタイムの理論と実践』を出版している。また、その前年には本連盟としては初めての総合的な学習の時間に関する研究大会を奈良女子大学で開催し、3000名を超える参加者があった。

・国際化・情報化に向けた研究事例

1987年の臨時教育審議会第4次答申で、教育が直面しているもっとも重要な課題として「国際化並びに情報化への対応」があげられた。

だが、これに先立ち1953年には、広島大学附属中・高等学校がユネスコ協同学校（のちのユネスコ教育実験学校）に指定されている。また、東京学芸大学教育学部附属大泉中学校（のちの国際中等教育学校）は1965年に帰国子女学級を設置して以来、併設の附属高等学校大泉校舎（のちの国際中等教育学校）とともに帰国子女教育研究の拠点となってきた。ちなみに、現在、帰国子女学級を置く附属学校は、千葉大学教育学部附属小学校、東京学芸大学附属大泉小学校、お茶の水女子大学附属小学校・中学校、愛知教育大学附属名古屋小学校・中学校、京都教育大学附属桃山中学校、福岡教育大学附属福岡小学校となっており、これ以外にも募集要項に帰国児童生徒枠を設けている学校が12大学21校あるなど、日本の国際化に貢献しているといえる。

情報化への対応としては、1995年の通商産業省（現・経済産業省）の高度情報化プログラムのひとつに「ネットワーク利用環境提供事業（100校プロジェクト）」があり、宇都宮大学教育学部附属中学校や山口大学教育学部附属光中学校、宮崎大学教育文化学部附属小学校などが研究開発校に選ばれ、学校教育におけるインターネット利用の実践研究を行ってきた。このように国立大学附属学校が研究指定を受け、情報化教育の実践研究を行ってきた例は多く、京都教育大学附属桃山小学校は文部科学省の「次世代の教育情報化推進事業」において優れた実践事例として2017年度文部科学大臣賞を受賞している。

・そのほかの先導的研究事例

次世代人材育成事業のひとつとして、2002年にはじまったスーパーサイエンスハイスクール（SSH）の取り組みにおいても、国立大学附属学校はこれまでの教育実践研究の経験を生かして成果を上げてきた。現在、全国で204校が指定されるなかで、9校が選定されている。同じく2014年にはじまったグローバル・リーダー育成のためのスーパーグローバルハイスクール（SGH）の取り組みにおいても、全国123校が指定されるなかで12校が選定されている。なかでも筑波大学附属高等学校は幹事校に指定されており、公立学校のモデルとしての役割をはたしている。

## 今後、附属学校が目指すべき教育研究の方向性

ここで取り上げた附属学校の教育研究はほんの一例にすぎないが、戦後の日本の教育研究の一端を国立大学附属学校が担ってきたことは間違いない。しかし、少子高齢化社会やグローバル化社会において、子どもたちが答えのない問題に向き合えるようにしていくには、今ある教育資源を正確に把握し、来るべき事態に備える改革が必要だ。

また、2018年1月26日に国立大学協会が出した「国立大学の将来像（最終まとめ）」では「全国的な高等教育機会の提供及び今後の地域・地方活性化の中核として期待される役割を踏まえること、高い水準の研究を推進し、大学院の充実を基盤とした高度の教育研究を国際的競争力を持って展開すること、産業界及び自治体との連携を強化し、地域との教育研究両面における本格的な協働による社会のイノベーションを先導すること、優れた日本型教育システムの輸出を含む国際貢献を強化すること」といったポイントがあげられた。国立大学が機能強化をはかるために不断の改革が求められるのであれば、当然、その附属学校は大学との連携を強化するなかで改革していく必要があるだろう。

国立大学附属学校は今後も実験的・先導的な教育課題に取り組むとともに、地域のモデル的学校となるように、地域が求めるさまざまな教育課題の研究開発に取り組み、その成果を地域や地域の学校に還流していく仕組みをつくらねばならない。今はまさにそのための学校改革に取り組むときであるということを、あらためて強調しておきたい。

全国国立大学附属学校ＰＴＡ連合会のミッション

# 全国国立大学附属学校ＰＴＡ連合会が推進する多彩な教育プログラムと活動

全国の附属学校ＰＴＡで組織された全国国立大学附属学校ＰＴＡ連合会（全附Ｐ連）。各省庁や大学との連携によってさまざまな先進教育プログラムを開発し、全国各地で実施している。ここでは、その最新の事例について紹介する。

## 日本の未来を担う子どもたちのための財政・金融教育プログラム

全国国立大学附属学校ＰＴＡ連合会はこの数年、財務省と全国の財務局と連携して「財政教育プログラム」の普及に力を入れている。これは子どもたちに増税意識などをもたせるような授業ではなく、あくまでもニュートラルに、国の歳入と歳出のバランスを「自分事として考えなければならない問題」として、考えを深めるためのいわば財務省による〝出前授業〟。財務省職員などによる講義だけでなく、ＩＣＴ機器を活用してグループで取り組む「予算編成シミュレーション」とその発表、職員との質疑応答・意見交換といったアクティブラーニングの要素が重視された内容となっている。

2015年6月11日の大阪教育大学附属平野小学校での開催を皮切りに、この財政教育プログラムは毎年開催数を増やしながら全国の国立大学附属小学校・中学校・高校で実施されてきた（2017年度は73校で実施）。最近では生徒・児童だけでなく保護者に対しての実施や租税教室と連携しての開催など、バリエーションも増えてきている。現在ではこのノウハウを生かし、全国の公立校や私立校でも普及しつつある。

また、同様に金融庁と連携した「金融経済教育プログラム」（金融庁の出前授業）の開発も進んでいる。電子マネーの普及や仮想通貨の台頭など金融を取り巻く目まぐるしい環境変化が進むなか、はやい段階で正しく金融リテラシーを習得することがこれまで以上に重要な課題となっている。従来から金融経済教育は公民科や家庭科の学習分野ではあるが、より身近で実用的な知識を学ぶという観点からも、新しいプログラムが必要だ。そこで本連合会では、主に家庭科の視点から家計や将来のライフプランなどとつなげる授業を開発。具体的な内容としては「お金の持ち方・扱い方にはさまざまな手段（現金・預金や電子マネーなど）があること、貯蓄のほかに投資のなかにも資産形成に役立つもの、投機的なものといった違いがあること、お金を借りるときの利息の増え方、経済を支える金融の役割」などを解説したうえで、子どもたち一人ひとりが各自のライフプランにつなげて金融について考えるという内容になっている。

2018年4月から大阪教育大学附属高等学校平野校舎、福島大学附属中学校・小学校・特別支援学校で試行的に授業を実施し、全国の附属学校での展開に向けてさらにプログラムのブラッシュアップを進めている状況だ。

このような「財政・金融経済教育プログラム」をまず試行的に国立大学附属学校で実施することは、社会的に大きな意義がある。公開授業などに慣れている附属学校の児童・生徒は新しいプログラムに興味をもって協力的に受講する傾向にあるし、教師や大学教授などのノウハウや知見を活用したブラッシュアップもできる。そして全国各地の附属学校から公立学校へと取り組みを展開しやすいという点からも、国立大学附属学校はあらたな教育プログラムの実践の

### 財政教育プログラム

・講義の様子
（①大阪教育大学附属平野小学校、②筑波大学附属桐が丘特別支援学校）
・グループでの取り組みやディスカッションなど、生徒たちの自主性を重視
（③滋賀大学附属小学校、④大阪教育大学附属平野小学校）
・親子での参加
（⑤香川大学附属坂出小学校）
・保護者向けに実施した財政教育プログラム
（⑥奈良女子大学附属小学校）

### 金融経済教育プログラム

・各地で試行的に行われた金融経済教育プログラムの様子
（⑦大阪教育大学附属高等学校平野校舎、⑧福島大学附属小学校、⑨福島大学附属中学校）

場にふさわしいと考える。

## 国立大学附属学校のリソースで「あいサポート運動」を全国へ

2017年9月、本連合会は鳥取県と「あいサポート運動」推進のための連携協定を、民間の全国団体としてはじめて締結した。2009年11月に鳥取県で創設された「あいサポート運動」は、多様な障がいの特性や障がいのある人の困り事などを理解し、ちょっとした手助けや配慮を実践することで、誰もが暮らしやすい地域社会（共生社会）を皆で一緒につくっていこうという運動である。「あいサポーター研修」を受けることによって、誰でも「あいサポーター」として運動を広げることができる。創設以来、多くの賛同者を得て、現在のところ鳥取県、島根県、広島県、長野県、奈良県、山口県、岡山県、和歌山県、大阪市が運動を推進している。

今回の連携協定は、大人だけでなく子どもたちに「あいサポーター研修」授業を実施するためのものである。教育研究者の姉崎弘氏も著書『特別支援教育とインクルーシブ教育』で指摘しているように、人間の多様性を理解するには成長のよりはやい段階が効果的であり、幼児期からの教育がもっとも望ましい。共生社会の実現、インクルーシブ教育の推進のためには、子どもたちは「あいサポーター研修」授業を受けるべきなのだ。

が、これまでの「あいサポーター研修」は主に企業などの社員研修や大人向けであり、そのカリキュラム内容は児童・生徒には指導しづらいものとなっている。たとえば知的障害についての詳細な説明は多分にセンシティブな内容を含んでおり、とくに発達障害や精神障害、てんかんなどについては、思春期の子どもたちの心情も考慮したうえで、細心の注意をもって解説にあたらねばならない。

そこで本連合会は、協定締結前に実験的な試みとして和歌山大学教育学部附属中学校で中3生の道徳科の授業と絡めた「あいサポーター研修」特別授業を実施、まず中学生向けのカリキュラムを作成した。そして協定締結後は、国立大学附属学校のリソースを生かして、全国の国立大学附属学校の子どもたちやPTAを中心に、自治体の境界を越えて「あいサポー

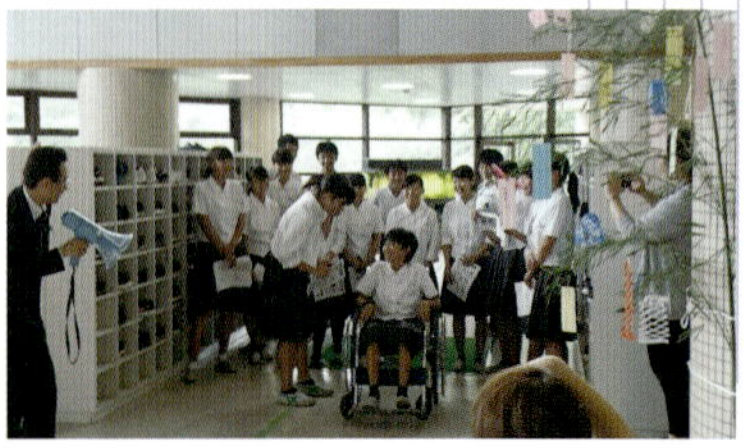

和歌山大学教育学部附属中学校で行われた「あいサポーター研修」特別授業の様子

ター研修」や「あいサポーター研修授業」を実施。本連合会の理事・監事・顧問・評議員、附属学校教員を中心に東京で「あいサポーター研修」を重ね、さらにPTA研修会全国大会の分科会においても、全国の保護者・教職員向けの研修を行うなど、学校における「あいサポーター研修」特別授業の普及に努めている。また「あいサポーター研修」を実施できる「あいサポートメッセンジャー」の養成も開始、将来的には各都道府県に最低1名のメッセンジャーの設置を目指している。

## 保護者参加による いじめ防止プログラム

2013年のいじめ防止対策推進法の改正を受けて、国立大学附属学校でもいじめの問題は最優先で取り組むべき課題に。こうしたなか、本連合会では保護者の側からのいじめ防止プログラムを推進している。たとえば2017年12月7日、静岡大学教育学部附属浜松中学校で、本連合会がサポートするいじめ防止プログラムが480名の生徒と保護者の参加により実施された。このプログラムは鳴門教育大学大学院の阪根健二教授と共同開発したもので、前半1時間は阪根氏の講演、後半1時間は生徒と保護者が一緒になってグループワークを行った。グループワークのテーマは「大人のいじめ対応姿勢五ケ条を作成しよう」。同校教師は「生徒が『自分の親にもいったことがないが、実は自分はこう思っている』という話を面識のない保護者に熱く語っていたことが印象的だった」と当日を振り返っている。本連合会では、生徒と保護者とがいじめについて真剣に語り合うこのような場を中心として、いじめ防止プログラムを全国の附属校に広げていこうと奮闘中である。

阪根教授の講演では、現代におけるいじめの定義や教員時代のいじめに対する取り組み、SNSによるいじめに関する注意点などがテーマとなった

生徒と保護者が一緒になってのグループワークの様子

## 附属学校だからこそできる インクルーシブな活動

各大学の傘下に幼・小・中・高・特別支援学校など幅広い学校園が揃っていることが、国立大学附属学校教育の大きな強みである。この環境を生かし、障害の有無にかかわらず誰もが一緒に学ぶインクルーシブな取り組みに力を入れている学校も多い。

たとえば香川大学教育学部附属特別支援学校と附属坂出小学校は、PTA行事で夏休みの工作体験を共同で行っている。両校の保護者と生徒が集まり、木材加工業を営む保護者の指導による木工教室を実施。同小学校ではユニバーサルデザインの教育研究を行っていた時期もあり、現在では特別支援学校の教育ノウハウを小学校に活用する研究を実践している。また附属坂出学園の特別支援学校、幼稚園、小学校、中学校の4校園は、合同の運動会を約半世紀にわたって実施してきた。現場の教師たちはこの運動会を「スポーツ競技会ではない、インクルーシブ教育の場」として位置づけているという。開会式では、入場行進につづいて

(左)香川大学教育学部附属特別支援学校でのインクルーシブ教育の一幕
(下)附属坂出学園の4校園合同運動会の様子

4校園の代表が声高らかに選手宣誓を行う。競技は幼稚園、特別支援学校、小学校、中学校の子どもたちがともに参加できるよう工夫されており、当日はおたがい協力し合いながら楽しい時間を共有する。

全国の附属学校を見渡してみると、修学旅行を特別支援学級と一緒に行く学校、特別支援学校と定期的に附属学校ならではの交流を実施している学校などが多々ある。附属学校だからこそ実施できるインクルーシブな取り組みに、今注目が集まっている。

## オリンピック・パラリンピック教育の推進

現在、日本国内の障がい者は700万人超、高齢者は3000万人超にも上り、移動に多少の困難を感じる人は全人口の3割を超える。こうした状況にあって、国は東京オリンピック・パラリンピックが開催される2020年を機に、東京が「世界に誇れるバリアフリー先進都市」となることを目指している。全国の国立大学附属学校でも、東京オリンピック・パラリンピックにちなんだ、インクルーシブな視点での活動が活発化している。

たとえば、本連合会が2017年度、PTA活動表彰にあらたにオリンピック・パラリンピック部門を新設、学校行事も含めた幅広い活動を対象に公募したところ、部門賞に筑波大学附属大塚特別支援学校の「ドッチビーを楽しもう」が選ばれた。この事業は、東京オリンピック・パラリンピックの開催にあたって、障がいを持つ子どもたちによりスポーツの楽しさを体感してもらうと同時に、より興味を持ってもらえる機会を提供するもの。「ドッチビー」とは、ウレタンとナイロン製のディスクを使ったスポーツで、基本ルールはドッジボール同様。年齢や性別による差が出にくく、安全性が高く手軽に楽しめるのが特徴である。

同校ではPTAが主体となって2017年12月9日と2018年1月27日の2回、このドッチビーの大会が体育館で開催され、1回目は児童生徒15名と保護者14名、2回目は児童生徒18名と保護者17名が参加した。当日は、まず同校保護者の所属する日本ドッジビー協会から招いた講師の指導の下で練習。「ディスゲッタードッジ」という的当てゲームなどでドッジビーに慣れた後、保護者も含めた全員でディスクドッジボール（ドッジボールのボールをディスクに置き換えたゲーム）を行った。家庭でも気軽に楽しめるスポーツとして参加者にも好評だったという。同校では、こうした活動を通じて東京オリンピック・パラリンピックへのさらなる機運醸成を目指す。

筑波大学附属大塚特別支援学校の「ドッチビーを楽しもう」の様子

また東京学芸大学附属高等学校では、公民科を中心に「TOKYO2020を機に社会を変えるには」というテーマで教育研究を実施している。これは、東京パラリンピックで行われるシッティングバレーボールを生徒が実際に体験することを通じて「障がい者や高齢者など移動に不自由を覚える人と健常者との違いをいかに乗り越え、インクルーシブな社会を実現していくか」を考えるための取り組みだ。2018度の実践では、重度障がいを持つ人やパラリンピック出場経験者を招いて、生徒とトークセッションを行った。

東京学芸大学附属高等学校では、生徒たちがシッティングバレーボールを体験

ほかにも本連合会は、東京オリンピック・パラリンピック競技大会組織委員会と連携してマスコット投票への協力を全国の附属小学校に呼び掛けたり、PTA全国大会で機運醸成を行うなどの活動をしている。オリンピック・パラリンピック教育をキッカケとして学校におけるインクルーシブな活動が全国へ広がり、子どもたちの心に同大会のレガシーを残せるよう、引きつづき力をつくしていく。

# 国立大学附属学校だからこそ担える役割とは何か

国立大学附属学校の使命や生徒像、これからの時代に求められる教員育成の仕組みや地域とのかかわりなどをテーマに座談会を実施、全国国立大学附属学校ＰＴＡ連合会の呉本啓郎会長と東京学芸大学の出口利定学長、全国国立大学附属学校連盟の田中一晃事務局長に語ってもらった。

## リーダーを育てることが国立大学附属学校の使命

**古川猛編集長**　まずはあらためて国立大学附属学校の使命や意義についてお聞かせいただきたいと思います。

**呉本啓郎・全国国立大学附属学校ＰＴＡ連合会会長**　教育において、この国や地域のリーダーを育てるという意識はとても重要なもののひとつだと考えます。全附Ｐ連会長として全国各地の国立大学附属学校の先生方と話す機会が多々ありますが、先生方の誰もが「リーダー育成」を意識しています。

**出口利定・東京学芸大学長**　子どもたちへの人間教育の実践を通して、他者のために自分に何ができるかをつねに考えられる力を養うことが、国立大学附属学校の役割だと思います。

**田中一晃・全国国立大学附属学校連盟事務局長**　おふたりに同感です。私はつねづね「その他大勢になるのではなく、どんな社会、世の中であっても『この人がいないと困る』という人になってほしい」という思いを、教育者として子どもに対して抱いています。そのためには公共の利益を考えられるリーダーとしての人間教育を、学校が担わねばなりません。

**編集長**　国立大学附属学校が育てるべきリーダーの人間像として「他人や公共のことを考えられること」があがりましたが、ほかにどんな素養が必要でしょうか。

**出口**　たくさんの軸があるかと思いますが、自分がどれほどの人間かを把握・理解することが大切です。私はよく子どもたちに向かって「自分の横にもうひとりの自分を立てなさい」といいます。大人になると、自分の能力の限界を感じたり、思い通りに事が運ばないことはいくらでもありますが、自分を客観視する力や自分自身に対する批判精神は、若いうちに育てるにこしたことがありません。

**呉本**　同感です。要は「お勉強ができる子」と「頭のいい子」は別だという話で、地頭が良い子はいつでも状況を判断できて、そのときその場に適したことができます。これはリーダーに必要不可欠な素養だと思います。

## 総合的人間教育にふさわしい環境

**編集長**　そうした子どもたちを育てる場として、国立大学附属学校が適しているのはなぜですか。

**呉本**　それは幼小中という一貫教育の流れのなかで計画的に学習することができる点で、国立大学附属学校は人間教育にピッタリの場だからです。

**田中**　そうした環境のなか、余裕を持った教育を実践していることが大きいと思います。気持ちと時間にゆとりがある生活をしている子は、これまでの自分を振り返ったり、将来をジックリ見つめたりすることができるのです。だから、保護者の方々にはいつも「子どもの能力を開発するには、自分で判断する、解決する時間をあげること、待つことが大事」だと伝えています。

**呉本**　「余裕」は大事な要素だと思います。以前、「ゆとり教育」が批判されましたが、その「無理のない学習環境で子どもたちがみずから学び考える力を育成する」という理念自体は素晴らしいと思います。そもそもゆとり教育の

（左から）古川編集長、呉本氏、出口氏、田中氏

**呉本 啓郎**
くれもと・けい
全国国立大学附属学校
PTA連合会 会長

**出口 利定**
でぐち・としさだ
東京学芸大学長

**田中 一晃**
たなか・かずあき
全国国立大学
附属学校連盟 事務局長

ゆとりを誤読したり勘違いしたりしている人がいます。問題は、多くの教育現場においてその理念に対応しきれず、たんに学習時間が減少しただけになってしまったことであって、国立大学附属学校ではまさにその理念を実践しています。受験を経ることのない一貫教育ならではの余裕・ゆとりの時間を活用して、教師たちが総合的な人間教育を行っているのです。実際、はやい段階で物事の善悪や価値観についてしっかり時間と手間をかけて教えているところが多く、小学校低学年頃までには、自然と「公共」を意識できる子が育っているように思います。

**田中**　親子面談や日記なども活用しながら、子どもたちをじっくり観察する教師が多いですね。国立大学附属学校では数々の教育研究が行われていますが、どの研究も子どもたち一人ひとりの人間像を掴むための取り組みであるという点が共通項だと思います。

**出口**　たしかに教科教育においても、一般的に国立大学附属学校の教師は生徒一人ひとりのつまづきやすいポイントや得意分野などを見抜くのがうまいですね。この「生徒を見る目」が学校での日常生活から教科教育、生徒指導まであらゆる場面に生かされている、という印象があります。

## 教師の質をいかに向上・維持していくか

**編集長**　昨今の日本の大学における教員育成について、皆さんのお考えをお聞かせください。

**出口**　いかに教師の質を向上させ、維持していくかが日本の教育界全体の課題となっています。そのひとつの回答として国の政策でつくられたのが教職大学院です。その目的と機能は①「学部段階で教員として基礎的・基本的な資質能力を取得した者に対し、さらに、より実践的な指導力・展開力を備え、新しい学校づくりの有力な一員となり得る新人教員の養成」と②「一定の教職経験を有する現職教員を対象に、管理職候補者をはじめとする地域や学校における指導的役割を果たし得る教員等として不可欠な確かな指導理論と優れた実践力・応用力を備えたスクールリーダー（中核的中堅教員）の養成」のふたつです。教師に必要な幅広い教養と現場経験を学部教育で十分に得るのは難しいので、そのあたりを鍛え上げるという意味で、この教職大学院の意義は素晴らしいと思います。

**編集長**　教職大学院制度の創設から約10年、現在のところ国立大学46校、私立大学7校の計53大学に設置されていますが、そこから優秀な新人教師やスクールリーダーは輩出されていますか。

**出口**　教育は息の長い取り組みなので、その成果を具体的に示すのは難しいのですが、それは言い訳にも聞こえます。この10年間の成果に関するエビデンスを何らかの形で示さねばなりませんね。

**呉本**　まさに国立大学附属学校の出番ではないでしょうか。附属学校を実践の場とした研修をもっと増やし、現場対応力や指導力を目に見える形でアップさせるべきです。現場に立つ機会が多ければ、教師としての成長を具体的にはかることができると思います。

**田中**　国立大学附属学校と教職大学院との連携を深め、両者がウィンウィンになる関係性を築いていかねばなりません。

## 子どもたちと地域をつなぐ財政教育プログラム

**編集長**　最後に国立大学附属学校と地域とのかかわりをうかがいたいと思います。私は全附連と全附Ｐ連、財務省の連携で実施されている「財政教育プログラム」が、地域課題ともつながる教育になるのではないかと思うのですが、いかがでしょうか。

**呉本**　おっしゃる通り、このプログラムは「財政」だけを学ぶのではなく、「財政」を通じてこの国や地域の数十年先の未来を考えることを目的としてつくられたものです。外交やエネルギーなど、あらたなプログラムで挑戦したいテーマはまだたくさんあります。

**出口**　省庁や大学との連携を考えると、国立大学附属学校だからこそ実現できたプログラムですね。

**田中**　全国各地の国立大学附属学校で財政教育プログラムが実践されていますが、これがもっと公立学校に広がれば、子どもたちが自分と地域のかかわり、国とのかかわりを意識するための教育メソッドとして広く定着していくはずです。

**編集長**　国立大学附属学校だからこそ実践できる教育プログラムで、学校と地域、子どもたちと地域をつなぐ。皆さんにはぜひこの機運をより盛り上げていってほしいと思います。

# 国立大学附属学校の特色を生かし 地域と連携し、地域に広がる教育を

国立大学附属学校不要論が叫ばれるなか、国立大学附属学校はどのような教育を実践していくべきなのか。文部科学省総合教育政策局の柳澤好治教職員課長に附属学校の教育のあり方や今後の展望について聞いた。

**古川猛編集長**　附属学校制度には「教育実習」と「模範学校」としての役割があると思いますが、まず教育実習という面についてうかがいたいと思います。

**柳澤好治・文部科学省総合教育政策局教育人材政策課長**　教員養成は大学で行われるのが前提となりますが、大学での教育だけでは教育現場にいる子どもたちのことを理解したり、その反応を感じたりすることはできません。そこで4週間くらい学校現場に行き、教育実習を行うことになっているのです。

**編集長**　附属学校に行くのですか、それとも公立学校に行くのですか。

**柳澤**　国立大学の学生の多くは附属学校に行きますが、公立学校に行くケースもあります。

**編集長**　附属学校と公立学校で実習の内容は変わってくるのでしょうか。

**柳澤**　基本的には変わりませんが、附属学校やそこの子どもたちは、実習生の受け入れに慣れています。そうすると、なかなか子どもたちが話を聞いてくれないなど公立学校で直面しがちな多様な課題を実習の場で体験できないこともあります。一方で、附属学校は大学の研究を支援することも使命のひとつであるため、自分たちが学んできた指導方法を試し、こういう指導をすれば子どもが理解しやすいといった試行錯誤や教育技術の深堀りができますね。

**編集長**　当然、公立学校と附属学校では教育実習の内容が違ってきますね。そのため、ギャップや戸惑いを感じるかもしれません。たとえば、話を聞いてもらえるかどうかで、いかに大学で独自性のある教育技術を学んだからといって、それを試すことすらできなくなるわけですから。

**柳澤**　そのようなギャップや戸惑いはあるかもしれませんが、それもまた教員になるうえでは素晴らしい経験になると思います。

**編集長**　教育実習とは別に「学校インターシップ制度」というものもあるそうですね。

**柳澤**　教育実習は一般に学校の授業の一端を体験するものですが、学校インターシップは長期的に学校の全体的な行事や活動を見たり参加したりするのが主旨です。そうすることで、よりリアルに教育現場を体感してもらえますし、両者を上手に活用すれば公立にも附属にも足を運ぶことができるので、双方のギャップを埋めることにも寄与すると考えています。

**編集長**　ところで、今は現場に強い人が求められている時代なのでしょうか。

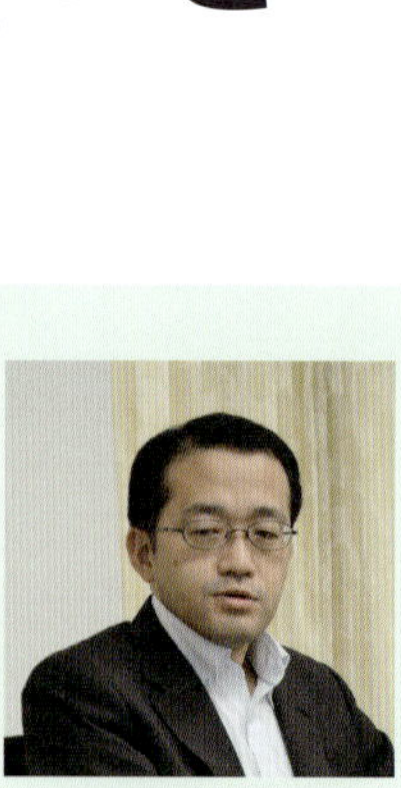

**柳澤 好治**
やなぎさわ・こうじ
文部科学省
総合教育政策局 教育人材政策課長

**柳澤**　まさにそうです。現場に強く、多様なタイプの子どもたちに対応できる人材が求められているので、文科省としてもそういった人材の育成にカジを切っているところです。

**編集長**　大学にかぎらず、政府、日本全体が実務型の人材を求める時代に変わってきているなかで、附属学校での教育（研究方針）も変わってきているのですか。

**柳澤**　附属学校での研究を公立学校でも使えるものにしようという気運がだいぶ高まってきていると思います。とはいえ、附属学校にできて、公立学校にはできないことも多々あります。たとえば附属学校は授業をカメラで記録することができますが、公立学校ではそれがなかなかできません。今の教育研究では授業の様子や生徒の

反応のデータを取り、PDCA（plan、do、check、action の頭文字で、事業活動における用語。管理業務を円滑に進める手法のひとつ）をまわしていくことが重視されるケースが多いのですが、多くの公立学校では撮影ができないため、実践に乗り出すことが難しいのです。

**編集長**　附属学校が研究の内容や成果を外部に情報公開する機会は多いのですか。

**柳澤**　そのような機会は多く、研究成果の冊子を地元の教育委員会に提出したりもしています。ただ「自分の大学や学校ではこういうことをやってきました」という報告だけの羅列が多いという批判があります。また、公立学校の先生たちのなかには、附属学校の研究結果に対して、公立学校と条件が違いすぎて、自分たちでは実現できない、活用できないと感じてしまうこともあるようです。

**編集長**　では、どうすれば公立学校にうまくアプリケーションすることができるのでしょうか。

**柳澤**　たんに研究結果を提供するだけでなく、まずは地元の公立学校などと密に連携し、じっくりとアプリケーションしていくことが肝心です。そして、その成果をもとにデータや実例を蓄積し、重要なポイントのエッセンスを抽出しつつ、具体的なケーススタディとしてほかの学校に提案していくという流れが必要であると感じています。

**編集長**　成果をいかに測定するかも重要になってきそうですね。

**柳澤**　近年はとかく「エビデンス」の有無が強調されるので、成果の数値化、見える化も重要なポイントのひとつだと思います。ただ、そこまで難しく考えなくても、たとえば保護者や地域の人が子どもの成長を見て「昨年より成長した」と評価してくれるようになったといったことも十分にエビデンスになると思います。

**編集長**　そうした流れが広がっていけば、地域全体で時代に応じた教育が実践されていきそうですね。

**柳澤**　そうです。私たちとしても教育はすぐに成果があらわれるものではないと考えています。もちろんそうはいっても、税金で予算をつけているかぎりは、ある程度の成果を見える化する必要はあると思います。

**編集長**　そうなると、ますます附属学校と地域との連携が必要になってくるように思いますが、そのあたりについてはいかがでしょうか。

**柳澤**　20年ほど前までは附属学校と地域はほとんど接点がなかったように思います。文部科学省の書類のなかでも、附属学校と地域との連携は申し訳程度にしか記載されていませんでした。しかし、ここ10年くらいでその方針は大きく変わってきていて、いまや附属学校を語るうえで地域のことは欠かせないキーワードになっています。

その点で、総合大学が多いことが、国立大学にとって大きな強みになっていると思います。教育学部と他学部が連携し、さらに地域や地域の他学校と連携すれば、実施できる教育や活動の幅はかなり広くなります。そのためにも、大学や附属学校には自分たちの大学のなかにどういった資源があり、どのように教育に活用できるかを探究し、大学の内外に発信するように心がけてほしいと思います。

**編集長**　そういった意識を持つ大学は増えてきていますか。

**柳澤**　かつてはそうではありませんでしたが、最近は危機感が高まっていることもあり、前向きに取り組む大学が増えてきたように思います。また、大学のハイレベルな研究を教育という形で社会に還元していくのは、附属学校だからこそできることですし、まさにそれがこれからの附属学校の存在意義になってくるのではないでしょうか。

**編集長**　まさに現代に則した地域の「模範学校」として機能していかなければならないわけですね。

**柳澤**　そうですね。たとえば、教育内容そのものかぎらず、いじめや保護者対応などの問題は学校教育全体における悩みの種です。そういった切り口でいろんな問題を扱っていけば、ますます地域の教育に貢献できる存在になると思います。しかし、今のところ多くの附属学校は教育内容や教科の指導法に焦点を当てがちなので、もっと多様な研究や取り組みを実践してくれることを期待しています。

**編集長**　人口減少時代の今こそ、教育の基本に立ち返り、それを実践していくべきでしょうし、国立大学附属学校にはその模範としての姿を示す使命があると思います。そのためには学校や教師の意識改革が欠かせませんが、ぜひとも文部科学省にはその道筋をつけていってほしいと思います。

# 教職員大学と附属学校の連携で学校現場の課題を実践的に解決

国立大学附属学校の存続の道として注目される地域との連携。附属学校の意義が変化しつつある今日、地域とどのようにかかわっていけば、附属学校のあらたな道が拓けるのだろうか。文部科学省総合教育政策局教育人材政策課教員養成企画室の髙田行紀室長に聞いた。

**古川猛編集長**　まず国立大学附属学校の研究が地域に還元されているかどうかについて、率直なご意見を聞かせていただけますか。

**髙田行紀・文部科学省総合教育政策局教育人材政策課教員養成企画室長**　もうひと踏ん張りかなと思います。今までは「やるだけで良し」とされていたのかもしれませんが、附属学校不要論が議論されている今日、これまで以上に「成果を追求」し、附属学校の「モデル校」としての存在意義や役割を明確に打ち出していく必要があります。

**編集長**　たとえば、附属学校がどうやって地域の大学に学生を送り出すかといった問題もあるかと思います。多くの附属学校では、今も生徒たちを都心の国立大学や有名私立大学に進学させることに注力していて、地元の大学などを軽視する傾向があるように思います。また、教育のなかに地域貢献や地域学といった項目を持っているところも少ないように思います。そのあたりについてはどのような印象をお持ちでしょうか。

**髙田**　附属学校を含む国立大学全体にいえることかもしれませんが、どうしても自分たちは「国立」である、国や世界を相手にしているという意識があり、地域に関心が向かなった部分があったのかもしれません。

　ですが、昨今は附属学校も変化してきており、私としてはむしろそういった中央志向を打破する存在になりうると感じています。それに附属学校は学区単位ではなく、もう少し広い地域から多様な人たちが集まってきているので、地域全体について考え、学ぶのに適した環境なのではないかと思うのです。そういう点では自治体と同じような範囲で、さらには市町村や県を越えた圏域でローカルを捉えることができますし、そのなかで国立大学附属学校ならではの教育プログラムを実践できるはずです。

**編集長**　たしかに学区が定められている公立学校ではそういったことはできませんね。また、ローカルな視点で世界を捉える「グローカル」という考え方を根本に据えれば、さらにおもしろい教育ができるように思います。

**髙田**　まずは地域とのかかわりを持ち、それを教育のなかにしっかりと組み込んでいくことが肝心です。昔は中央に最先端の教育情報があり、それが地域の附属学校に伝わっていくという流れが一般的でしたが、今は地域によって抱える問題が大きく異なる時代です。であればこそ、それぞれの地域の課題に対応した教育こそがその地域の、そして同様の課題を抱える全国や世界の地域の最先端モデルになっていくはずです。

**編集長**　そういった教育を通して、地域に貢献できる人材を育成していくことが重要になってきそうですね。

**髙田**　地域のために貢献できる人材をいかに育成し、どのような進路を提示していくかといったことは、これからまだまだ試行錯誤をつづけていかなければならないテーマだと思います。そもそも、地元から出て東京の大学に進学しようが、東京で働こうが、基本的には個人の自由です。もちろん、それは生徒たちにとって大切な権利なのですが、地方創生が課題となっている今日は、郷土愛を育んだり、地元の産業の魅力を知っ

**髙田 行紀**
たかだ・ゆきのり
文部科学省 総合教育政策局
教育人材政策課 教員養成企画室長

てもらったりする機会を設け、グローカルに活躍できる人材を積極的に育成する必要があります。そしてそのためには、それぞれの附属学校が地域と連携しながら、地域の魅力を生徒たちとともに発掘し、共有していかなければならないと思います。

**編集長**　そういった取り組みを進めていくには生徒たち一人ひとりが主体的に「学ぶ力」を養っていく必要があるように思うのですが、いかがでしょうか。

**髙田**　まさにその通りです。従来の立身出世モデルの教育ではなく、みずから夢や希望を設定し、その実現に向けなすべきことを追求し、成長できるような人材を育成していかなければなりません。もちろん、そのためには学校の先生たちの意識改革も必要です。

**編集長**　そうしたなかで附属学校が生き残っていくには、どのようなことが必要になるのでしょうか。

**髙田**　私が附属学校に求めてきたのは「モデル校」として、子どもだけではなく、大人である教員も育つ環境であってほしいということです。生徒に「学ぶ力」を身につけてもらうには、まずもっとも身近な大人のひとりである教員たちがお手本にならなければなりません。だからこそ、附属学校にかかわっている教員たちにはつねに問題意識を持ち、その解決のために試行錯誤しつづけてほしいと思っています。生徒たちにその姿を見せることが最高の教育になるのではないでしょうか。

**福井大学・奈良女子大学・岐阜聖徳学園大学連合教職開発研究科（連合教職大学院）の取り組み**

福井大学大学院教育学研究科は2018年4月、奈良女子大学と岐阜聖徳学園大学とともに連合教職大学院を構成。基幹校として新しい教師教育を実践している。もっとも大きな特徴が「学校拠点方式」と呼ばれる教育スタイルを採用していること。大学院生は小・中・高・特別支援学校などの拠点校の現場を学びの場として長期のインターンシップ実習を行い、学校が抱える課題に教員や大学院生が協働して取り組むことで、教員としての実践力やマネジメント力、専門職としての理念を培う。

学位：教職修士（専門職）／修業年限：原則として2年（1年を許可する場合もある）／必要修得単位：学校における実習（10単位）、共通科目（20単位）、コース別選択科目（15単位）計45単位以上／入学定員：40名（現職教員、学部進学者）

**編集長**　たしかにその通りだと思います。では、教員養成という点でユニークな取り組みをしている学校はありますか。

**髙田**　たとえば、福井大学附属学校には学内に教職大学院が設けられており、附属学校と連携しながら独自の取り組みを展開しています。

**編集長**　教職大学院はもともとどのような目的で設立されたのでしょうか。

**髙田**　教職大学院は学校現場の課題を実践的に解決することを目的とした教育・研究機関です。そのため、教壇には教育現場を経験した方々が立つことが多く、その4割以上が教員経験者となっています。また、大学院といえば研究を行うところというイメージがありますが、ここでは少なくとも10単位分の実習を学校現場でしなければなりませんし、そのほかに20単位分、教育実務に関する科目を履修する必要があります。まさに教育を実践的に学ぶ場なのです。

**編集長**　福井大学附属学校と教職大学院との連携内容についてお聞かせください。

**髙田**　教職大学院の教員や院生がチームを組んで、附属学校や公立学校に出向き、教育課題の解決にあたっているほか、この教職大学院は地元の教育委員会や附属学校とのハブ（結節点）となり、現場の教育委員会からのアドバイスや指摘を附属学校の教育に取り入れていくこともあります。つまり、教職大学院は教育関係機関のさまざまな情報をスピーディーに調査・分析し、大学や学校で検証を重ねたうえであらたな教育手法を確立していく「教員養成・研修の拠点」という役割も担っているのです。

**編集長**　非常にユニークな取り組みですね。

**髙田**　この取り組みは国内外から注目を集めており、すでにシンガポールやフィリピン、アフリカの国々などと交流しているようです。そういったところからグローカルな教育の芽が育っていくのではないかと期待しています。

**編集長**　福井大学附属学校と教職大学院では理論と実践を融合させながら、教育現場の課題解決に取り組み、世界に発信しているわけですね。これからも教員養成を通して、附属学校の改革、地域の発展に貢献しつづけていくことを期待します。

# 日本と子どもたちの未来を拓く「財政教育プログラム」

財務省が全国の小・中・高で行う授業「財政教育プログラム」は、2015年のスタートから3年が経ち、多くの教育関係者に認知されるようになってきた。今後の展望と課題について、財務省大臣官房地方課の谷口眞司課長に話をうかがった。

**古川猛編集長**　ここ数年、広がりを見せている「財政教育プログラム」について、あらためてどういう取り組みなのかご紹介ください。

**谷口眞司・財務省大臣官房地方課長**　日本の将来を担う子どもたちに「財政」に興味をもってもらうために財務省が行っている特別授業です。財務省の各部局の広報担当者や若手職員のほか、全国各地にある財務局の職員が講師となって、オリジナルの教材を使いながらアクティブ・ラーニング型の授業を行っています。当初は主に国立大学の附属学校の生徒を対象にはじめたのですが、全国国立大学附属学校連盟（全附連）や全国国立大学附属学校PTA連合会（全附P連）などのネットワークで評判が広がり、いまや公立校や特別支援学校からも依頼がくるまでになりました。これまで延べ209校で授業を行い、その内訳は国立120校、公立67校、私立22校です。最近では「保護者向けに授業を行ってほしい」という依頼もあり、予想を超える反響をいただいています。

**編集長**　保護者に授業を行うことで、家庭で財政のことがもっと話題にのぼりやすくなりますね。

**谷口**　やはり日本は欧米と比べて家庭で財政や経済の話をする機会が少ないと思います。授業そのものは回数を重ねたことにより、だいぶ充実した内容になってきましたが、今後の課題のひとつは、いかに授業後も家庭に持ち帰って、財政に興味を持ちつづけてもらうかです。

**編集長**　では、具体的な授業内容について聞かせてください。

**谷口**　基本の教材は3パターンで、小・中・高で使い分けています。小学校では「もし日本が100人の村で、予算が100万円だったら?」と仮定して、住人からどうやってお金を集めて、村の未来のためにどう活用していくかについて、4~5名のグループで話し合ってもらいます。いわば簡単な国家予算のシミュレーションをしてもらうわけですが、たとえば、教育費の問題に話がおよぶと「これから日本は少子高齢化が進むから、それにともなって教育費の予算も下げるべきだ」「いや、人口減少のなかでも生産性を上げるためには、より多くの予算を投下して優秀な人材を育てなければいけない」というような議論もされて、こちらとしても驚かされました。

**編集長**　中・高になるともっと高度になりますか。

**谷口**　中学校では「財務大臣になって予算をつくろう」というテーマのもと、日本の国家予算97兆円をベースに予算編成を体験してもらいます。「こんなに借金があるのか」とビックリする生徒もいますし、話し合いを通じて「さまざまな意見をまとめて予算を確定させるのが、こんなに大変なものだとは知らなかった」という生徒もいて、予算についてコンセンサスを得ることの難しさを感じてくれています。高校生向けのテーマは「社会保障改革プランに挑戦」です。社会保障制度の受益と負担のアンバランスを示したうえで具体的改革プランを作成してもらっています。なかには「うちの祖父母はまだまだ元気で働きたいといっているけど、年金が支給されている。それはもったいない」という生徒もいました。

**谷口 眞司**
たにぐち・しんじ
財務省 大臣官房 地方課長

**編集長**　社会保障費を身近な問題として考える良いキッカケになっていますね。しかし、小学生の場合ですが、ひと口に小学生といっても、1年生と6年生ではだいぶ理解力が異なりますし、学校によっても生徒のレベルに差があると思います。授業内容の調整はどのように行っているのですか。

**谷口**　いずれの場合も、事前に学校の担当教員と綿密な打ち合わせをします。「公民の授業はここまで進んでいる」「この学年にはちょっと難しい」などと、先生に協力してもらいながら生徒の学力に合わせた授業を行うようにしていて、場合によっては授業前に財政の基礎的な知識を生徒に教える、いわば「事前授業」を先生に行ってもらうこともあります。

**編集長**　3パターンはあくまでもベースで、フレキシブルに授業内容を変えているわけですね。

**谷口**　その通りです。ときには新しい授業にチャレンジすることもあります。たとえば、滋賀大学教育学部附属小学校では、2年生の生活科の時間に担当教員とともに「公園づくりシミュレーション」を行いました。はじめに実際に近くの公園に行き、どんな設備が設置されているのか、どんな人が利用しているのかなどを観察してもらったうえで、理想の公園をつくることに挑戦してもらうというものです。まず、各グループに公園となる台紙のほか、滑り台やブランコ、ベンチ、トイレ、防災倉庫といった遊具や施設をプリントしたカードを配ります。それぞれのカードには、設置費用として「〇〇コイン」とコストが書かれています。グループには公園建設予算「100コイン」を与え、その予算内で自由に遊具や設備を台紙上に設置して公園をつくってもらいました。総設置費用が100コインを超えそうなグループも多くありましたが、「なぜその遊具が必要なのか」について話し合いをさせ、優先順位の低い施設を取りやめてもらい、予算内に収めてもらいました。なかには「大切な予算だから全額使わずに、80コインに留めておくべきだ」と主張する生徒もいて、感心させられました。

## さらなる授業の発展を目指し地域ぐるみで行うことも検討

**編集長**　3年間取り組まれてきて、課題は何か見つかりましたか。

**谷口**　一番の問題は講師不足です。昨年度、ありがたいことに多くの学校から依頼をいただいて、急激に授業の回数が増えました。生徒と年齢の近い若手職員へ積極的な参画を促したり、講師養成のための研修をして対応しています。しかし、今後もこのペースで授業依頼をいただくと、希望に添えない可能性もありますので、対策に迫られています。

**編集長**　それについては腹案があるのですが、地域を巻き込むというのはどうでしょうか。役場はもちろんのこと、たとえば地元の金融機関や商工会など、地域に根ざした企業や団体の力を借りるのです。より身近な問題として地域ぐるみで財政について考えることにもつながると思いますが。

**谷口**　地域全体として財政の問題について考えてみることは重要かと思います。公園づくりの授業を通じて感じましたが、やはり普段の生活にかかわる身近な課題をテーマにすると、子どもたちは強く関心を持ってくれますね。

**編集長**　地方の住民が主体的に国の財政について考える良いキッカケにもなると思います。指導要領のなかに組み込まれてもいいほど、有意義な授業に発展していきそうですね。

**谷口**　それを目指したいと思います。ただ、ほかの機関が行うアクティブ・ラーニングもたくさんありますし、当然、年間の単位数もかぎられていますから簡単ではありません。教育機関や全附連、全附P連に協力いただきながらじっくりと議論していきたいところです。当面は3年間で積み上げてきたことをベースに、教育のプロから意見をいただいて、それをフィードバックしながら着実に授業内容を発展させていくことを目指したいと思います。

**編集長**　教員志望の学生にも「財政教育プログラム」を受けてもらい、先生になってから授業でやってもらう、という広め方もあるかもしれませんね。日本経済は人口減とデフレによる景気低迷がつづき、マーケットも縮退気味、金融機関の再編もささやかれています。さらに団塊の世代の後期高齢化による社会保障費も増大しています。そういった時期にこの財政教育というのはタイムリーです。いずれにせよ、日本の未来について考えるキッカケを与えてくれる素晴らしい授業だと思います。

# 金融経済教育を通して生徒たちの未来を明るく照らす

「子どものときから金融リテラシーを持てるように」――。金融庁ではそんな目標を掲げ、各地の学校に講師を派遣して金融経済教育を実施している。モデル校となった国立大学附属学校ではどのような授業が行われたのか。金融庁総合政策局総合政策課の方々に話を聞いた。

**古川猛編集長**　国立大学附属学校で金融経済教育をするにあたって、どのように授業を進めたのでしょうか。

**安野淳・金融庁総合政策局総合政策課課長補佐**　まずは教材を作成する際に現場の先生方のご意見をうかがうことを重視しました。たとえば、福島大学附属小学校の家庭科の先生から「お金の話は専門用語が多いので、それをわかりやすく説明してほしい」という要望を受けました。また、国立大学附属の小学生は公立学校の生徒に比べると電車やバスで通学することが多く、「Ｓｕｉｃａ」のような交通系電子マネーに慣れているので、まずは「見えないお金」と「見えるお金」の違いについて話をするのはどうかという提案をいただきました。

**編集長**　実際の授業に関してはどの附属学校からはじめたのでしょうか。

**安野**　小学校・中学校は福島大学附属から、高校は大阪教育大学附属平野高校からはじめました。

**編集長**　今回は小学校の話を中心にうかがいたいと思います。

**安野**　今年の6月に福島大学附属小学校の5年生に金融経済教育の授業をやらせていただきました。今の子どもたちの間ではキャッシュレスが想像以上に進展しているため、現金に対する感覚が昔と今ではで大きく異なっています。そのため、先生のアドバイスに従って、授業ではまず「見えるお金」と「見えないお金」の話からはじめることにし、福島で使われているＪＲ東日本の「Ｓｕｉｃａ」や福島交通の「ＮＯＲＵＣＡ」といった電子マネーを例に授業を進めることにしました。今の小学生はこうした電子マネーをごく普通に利用している一方、現金を使う機会が少なくなっています。たとえば、私たちが子どもの頃はお金を渡されてお使いに行かされたものでしたが、今の家庭ではネットショッピングで買い物をすませたり、電子マネーを使ったりするので、電車・バスでの移動時以外のシチュエーションでも子どもたちが現金を使う機会が減っているのです。

**編集長**　そうなると、金融のことを伝えるのは難しそうですね。

**安野**　そこで私はまだ「割合」の学習が終わっていない子どもたちにあえて金利計算をやらせてほしいと要望したところ、電卓を使わせれば対応できるとの先生のアドバイスで、実施することができました。そして、生徒の祖父母が若かった頃と親世代が若かった頃、そして現在の金利を調べて比較してもらったのです。すると、祖父母が若かった頃は10㌫くらい、両親が若かった頃は7㌫くらいあったのに、現在は0・01㌫ということがわかった生徒たちは一様に驚くとともに金融の仕組みに興味を持ってくれました。ただ、金融、金利、元本、利息といった言葉の意味を理解してもらうのは難しかったので、これらをよりわかりやすく伝え、理解してもらえるような工夫が必要だと感じました。

**編集長**　難しいことにも理解を示す生徒もいるのでしょうか。

**安野**　もちろんです。たとえば、

**安野 淳**
やすの・じゅん
金融庁 総合政策局
総合政策課
課長補佐

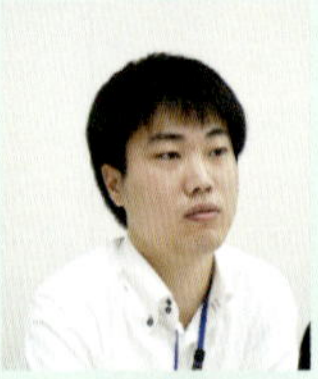

**大原 育明**
おおはら・やすあき
金融庁 総合政策局
総合政策課
課長補佐

**鈴木 厚昌**
すずき・あつまさ
金融庁 総合政策局
総合政策課
金融知識普及係長

「銀行はお金を会社に貸しますが、そのお金にはみんなが預けた預金が使われます」と説明したら、ある女の子が「私たちが銀行にお金を預けたら、いつか引き出すのだから、会社に貸すお金なんかないんじゃないの」と質問してきたのです。それで「みんなが明日、いっせいにお金を下ろしに行くことはないから、ほかの人や会社にお金を貸すことができるんだよ」と説明したところ、その子はこの信用創造の仕組みを理解して、ほかの子どもたちにそれを説明しはじめたのです。実に素晴らしい理解力だと感心しました。

**編集長**　そういった理解力があれば、「貯蓄から資産形成へ」ということも理解できると思いますが。

**安野**　現在、日本では「貯蓄から資産形成へ」という考えが十分に浸透しておらず、投資信託についてもアメリカやイギリスのように活用されていません。現預金の活用は日本の経済成長を促すことにつながるので、こうした金融経済教育を推進していくことで、少しでもその流れをつくりだしていきたいと思います。

**大原育明・金融庁総合政策局総合政策課課長補佐**　日本の家計の金融資産は約1800兆円に上り、そのうち1000兆円近くが現預金になっています。私は今年の7月まで内閣官房で成長戦略を担当していたのですが、成長戦略でも、経済成長や国民生活の向上をはかるためには、家計の金融資産をよりバランスのとれた構成に移行していくことが重要であるとされています。

**鈴木厚昌・金融庁総合政策局総合政策課金融知識普及係長**　そういったこともあって、ここ最近、金融庁としては金融経済教育に力を入れているのです。昨年までは11大学を対象に連携講座をしていましたが、大学にかぎらず、小学校、中学校、高校など、なるべくはやい段階から金融について知ってもらうことが重要と考えます。

**編集長**　金融に関しては子どもにかぎらず、大人も弱い部分があります。そういう意味では、子どもたちが家に帰って、祖父母や両親に授業のことを話してくれるとさらに効果が上がりそうですね。

**安野**　そう思います。ただ外国に比べると、日本では家庭のなかでお金の話をあまりしないようです。しかも、額に汗して労働で稼ぐお金は尊く、不労所得で稼ぎ出すお金はきれいなものではないというイメージが根強いようです。

**編集長**　とはいえ、お金は生きていくうえで必要ですし、その大切さや活用方法を伝えるのは非常に重要なことだと思います。

**安野**　ですから、まずお金を稼ぐことの重要性から伝えています。たとえば時間給で働きつづけていると、思うような結婚をすることができないといったリスクに直面することがあります、と。もちろん多様な生き方を否定するわけではありませんが、余裕のある生活を送るために必要なお金を稼ぎ、そのお金を運用して増やしていくことの大切さも伝えたいのです。

**編集長**　金融経済教育が人生設計のリテラシーになるのですね。

**安野**　まさに小学校の先生がそう話していて、金融経済教育とあわせて、職業選択やライフプランなどについても教えてあげてくださいといわれました。そこで、小学校では『LIFE SHIFT 100年時代の人生戦略』（リンダ・グラットン、アンドリュー・スコット著）にある「有形資産」「無形資産」を説明し、「将来とお金」というテーマでワークシートを用意しました。そして「あなたにとって形のある資産と形のない資産を書いてください」といったのですが、みんな結構悩んでいました。

**編集長**　形のない資産を活用し、形のある資産に投資していくというのがポイントになるわけですね。日常の行為としてお金を稼いで使うことについて、子どもたちはどういう感覚を持っているようでしたか。

**安野**　「どんな職業に就きたいか」と聞くと具体的に答えてくれますが、まだ稼ぐことと職業を選ぶことがきちんと結びついていないようでした。

**編集長**　そのギャップはどう埋めていけばいいのでしょうか。

**安野**　子どもにライフプランを語るなら、まず自分の話をしてみようと思い、実際にやってみました。すると、子どもの食いつき方が全然違ってきました。そうやっていろんな人たちのライフプランや人生を具体的に示してあげることも大切なのかもしれません。

**編集長**　自分の人生と重ねられる部分があると、将来をイメージしやすいのかもしれませんね。金融経済教育で生徒たちの未来を明るく照らしてあげてください。

# 全国国立大学附属学校園一覧

全国256学校園の教育の特徴と情報を網羅！

義務教育高化が加速度を増し、高大連携の強化に拍車がかかるなどユニークな取り組みが目白押し。詳細は各校のWEBサイトなどでご確認ください。

| 学校名 | 住所 | 電話番号 | 特徴 |
|---|---|---|---|
| 岩手大学教育学部附属中学校 | 盛岡市加賀野 3-9-1 | 019-623-4241 | 理性的、主体的に考え、判断する生徒、思いやりがありお互いを尊重しあう生徒を教育目標にし育成している |
| 岩手大学教育学部附属特別支援学校 | 盛岡市東安庭 3-4-20 | 019-651-9002 | 現在および将来の社会生活において、主体的に、そして豊かに生きる人を育成する |
| 秋田大学教育文化学部附属幼稚園 | 秋田市保戸野原の町 14-32 | 018-862-2343 | 心豊かで創造的な子供の育成 |
| 秋田大学教育文化学部附属小学校 | 秋田市保戸野原の町 13-1 | 018-862-2593 | 感情を高め豊かな人間性を育む学校であり、大学の先生と一体となって子供を育てている |
| 秋田大学教育文化学部附属中学校 | 秋田市保戸野原の町 7-75 | 018-862-3350 | あの丘を越えよ　ー高い志をもち　ー人一人が　未来を拓くー |
| 秋田大学教育文化学部附属特別支援学校 | 秋田市保戸野原の町 7-75 | 018-862-8583 | 児童生徒と保護者が個別の教育支援計画を作成し、新たな進路先で就労希望100%の実現を目指す |
| 宮城教育大学附属幼稚園 | 仙台市青葉区上杉 6-4-1 | 022-234-0305 | お日さまいっぱいふりそそぐ中で、「元気な子ども」「やさしい子ども」「考える子ども」を育てる |
| 宮城教育大学附属小学校 | 仙台市青葉区上杉 6-4-1 | 022-234-0318 | 日々の教育実践を通して「体も心もたくましく、しかも、しなやかな子供」を目標に育てている |
| 宮城教育大学附属中学校 | 仙台市青葉区上杉 6-4-1 | 022-234-0347 | 「自ら考え行動し、共に学び合い、高め合う生徒の育成」 |
| 宮城教育大学附属特別支援学校 | 仙台市青葉区荒巻字青葉 395-2 | 022-214-3353 | 児童生徒各自にあった教育を行い、調和のとれた心身の発達を図る。心豊かでたくましく生きる力を身に付ける |
| 山形大学附属幼稚園 | 山形市松波 2-7-1 | 023-641-4446 | 「心豊かでたくましい子供の育成」。明るく、やさしく、元気で、活動を創り出す子どもの育成 |
| 山形大学附属小学校 | 山形市松波 2-7-2 | 023-641-4444 | 想像力豊かな子、困難に打ち勝つからだと心をもつ、日本人の誇りを持ち学ぶ心を目指す子どもの育成 |
| 山形大学附属中学校 | 山形市松波 2-7-3 | 023-641-4440 | 健康かつ明朗で、豊かな知性と誠実な社会性を持つ、自主的で実践力のある生徒を育てる |
| 山形大学附属特別支援学校 | 山形市飯田西 3-2-55 | 023-631-0918 | みずから　学び、かかわり、はたらく人　を育てる |
| 福島大学附属幼稚園 | 福島市浜田町 12-39 | 024-534-7962 | 「作りたい」「やりとげたい」という思いを起点にして、ゆったりとした時間と子どもを認める大人が子どもを育てる |
| 福島大学附属小学校 | 福島市新浜町 4-6 | 024-534-3942 | 未来の可能性に立ち向かって、愛と英知をもち、たくましく前進する創造性豊かな人間の育成をめざす |
| 福島大学附属中学校 | 福島市浜田町 12-26 | 024-534-6442 | 豊かな知性と誠実な社会性をもち、実践力のある心身ともに健康な生徒を育成する |

| 学校名 | 住所 | 電話番号 | 特徴 |
|---|---|---|---|
| 北海道教育大学附属札幌小学校 | 札幌市北区あいの里５条 3-1-10 | 011-778-0471 | 本物を学び、他者の見方や考え方を認め、自分の良さや課題にも気付くことができる教育 |
| 北海道教育大学附属札幌中学校 | 札幌市北区あいの里５条 3-1-11 | 011-778-0481 | 「清心・進取・斉正・親和」。いじめのない学校作り、安心して通える学校作りをしている |
| 北海道教育大学附属函館幼稚園 | 函館市美原 3-48-6 | 0138-46-2237 | 心身ともにたくましく、生活習慣を身につけ、人や物事に興味を持ち、様々なことに心を動かせる子供の育成 |
| 北海道教育大学附属函館小学校 | 函館市美原 3-48-6 | 0138-46-2235 | 人間尊重の精神を養い情操豊かで実践力のある児童の育成 |
| 北海道教育大学附属函館中学校 | 函館市美原 3-48-6 | 0138-46-2233 | 校訓「自主・明朗・知・徳」の伝統を引き継ぎ、21世紀に世界で活躍する人の育成を目指す |
| 北海道教育大学附属特別支援学校 | 函館市美原 3-48-1 | 0138-46-2515 | 「学ぶことを楽しみ、意欲がもてる子どもを育てる」。社会参加と自立を目指し、一人一人に応じた教育を目指す |
| 北海道教育大学附属旭川幼稚園 | 旭川市春光５条 2-1-1 | 0166-54-3556 | よく遊び考える子・優しく思いやりのある子・たくましくやり抜く子を育成している |
| 北海道教育大学附属旭川小学校 | 旭川市春光４条 1-1-1 | 0166-52-2361 | よく見、よく聞き、よく思い、心も体もたくましい人間を目指している |
| 北海道教育大学附属旭川中学校 | 旭川市春光４条 2-1-1 | 0166-53-2751 | 志高く、未来を担う子供たちを育てるが教育目標 |
| 北海道教育大学附属釧路小学校 | 釧路市桜ヶ岡 7-12-48 | 0154-91-6322 | 豊かな心、豊かな創造力を持ち、自ら学び、粘り強い意志を持つ健康で明るい子供の育成を行っている |
| 北海道教育大学附属釧路中学校 | 釧路市桜ヶ岡 7-12-2 | 0154-91-6857 | たくましい人。想像する人。個性を作る人。共に高めあう人。広く豊かな心を持つ人 |
| 弘前大学教育学部附属幼稚園 | 弘前市学園町 1-1 | 0172-32-6815 | 心を広げ夢を持ちいきいきと活動する子供たちの育成を目指している |
| 弘前大学教育学部附属小学校 | 弘前市学園町 1-1 | 0172-32-7202 | 大学と連携し専門性を生かした授業を展開。確かな学力の育成を目指す |
| 弘前大学教育学部附属中学校 | 弘前市学園町 1-1 | 0172-32-7201 | 「自主、創造、気品」を教育目標として知、徳、体の調和のとれた人間性豊かな生徒の育成を目指す |
| 弘前大学教育学部附属特別支援学校 | 弘前市富野町 1-76 | 0172-36-5011 | 自分のもっている力を精いっぱい発揮し、積極的な社会参加をめざす |
| 岩手大学教育学部附属幼稚園 | 盛岡市加賀野 3-9-1 | 019-622-4691 | 気よく遊ぶ。思いやりのある子。進んで行動する子。自己表現する子の育成 |
| 岩手大学教育学部附属小学校 | 盛岡市加賀野 2-6-1 | 019-623-7275 | 未来を切り拓く人間の育成 |

| 学校名 | 住所 | 電話番号 | 特徴 |
|---|---|---|---|
| 筑波大学附属小学校 | 文京区大塚 3-29-1 | 03-3946-1391 | 人間としての自覚を深め、文化を継承、創造する子ども、国民的自覚をもつ子ども、健康で活動力のある子ども |
| 筑波大学附属中学校 | 文京区大塚 1-9-1 | 03-3945-3231 | 教育目標「強く、正しく、朗らかに」 |
| 筑波大学附属高等学校 | 文京区大塚 1-9-1 | 03-3941-7176 | 教育目標「自主・自立・自由」 |
| 筑波大学附属駒場中学校 | 世田谷区池尻 4-7-1 | 03-3411-8521 | 新しい世界を切り開き「挑戦」し柔軟に意欲的に取り組んで「創造」し、社会に役立てて「貢献」する |
| 筑波大学附属駒場高等学校 | 世田谷区池尻 4-7-1 | 03-3411-8521 | 新しい世界を切り開き「挑戦」し柔軟に意欲的に取り組んで「創造」し、社会に役立てて「貢献」する |
| 筑波大学附属坂戸高等学校 | 坂戸市千代田 1-24-1 | 049-281-1541 | 生涯を通じて学び続ける資質や能力を身につけ、持続可能な社会に貢献できる人を育成する |
| 筑波大学附属大塚特別支援学校 | 文京区春日 1-5-5 | 03-3813-5569 | 願いや思いを大切に、自立と社会文化への参加をめざし、発達及び可能性のより豊かな発現をはかる |
| 筑波大学附属久里浜特別支援学校 | 横須賀市野比 5-1-2 | 046-848-3441 | 一人一人の良さや可能性を伸ばし、自立し社会参加するための基礎を培うことを目指す |
| お茶の水女子大学附属幼稚園 | 文京区大塚 2-1-1 | 03-5978-5881 | 元気。自分のことは自分で。仲よく。いきいきした興味をもつ。はっきり話し、話をよく聞く。工夫と表現 |
| お茶の水女子大学附属小学校 | 文京区大塚 2-1-1 | 03-5978-5873 | 『自主協同』。進んで行動する子、情操の豊かな子、意思の強い子を育成する |
| お茶の水女子大学附属中学校 | 文京区大塚 2-1-1 | 03-5978-5862 | 自主自律の精神をもち、広い視野に立って行動する生徒を育成する |
| お茶の水女子大学附属高等学校 | 文京区大塚 2-1-1 | 03-5978-5855 | 確かな見方・考え方を持つ生徒、他者と協働できる生徒、真摯に努力する生徒を育てる |
| 東京学芸大学附属幼稚園小金井園舎 | 小金井市貫井北町 4-1-1 | 042-329-7812 | 人や身近な環境にかかわる中で、主体性と協同性をもち、明るくのびのびと自己発揮する子どもを育てる |
| 東京学芸大学附属幼稚園竹早園舎 | 文京区小石川 4-2-1 | 03-3816-8944 | 一生懸命取り組む、友達と共感しあう、役割を最後まで果たそうとする |
| 東京学芸大学附属世田谷小学校 | 世田谷区深沢 4-10-1 | 03-5706-2131 | 「一人一人が個性を伸ばして、自己実現を期し、民主社会の進展に寄与する有意な国民を目指す |
| 東京学芸大学附属世田谷中学校 | 世田谷区深沢 4-3-1 | 03-5706-3301 | 個性的で人間性豊かな人格を作る、創造性豊かな人間を育てる、敬愛の精神に溢れた人間を育てる |
| 東京学芸大学附属小金井小学校 | 小金井市貫井北町 4-1-1 | 042-329-7823 | 明るく思いやりのある子、強くたくましい子、深く考える子 |
| 東京学芸大学附属小金井中学校 | 小金井市貫井北町 4-1-1 | 042-329-7833 | 健康な身体、知性、豊かな情操を持ち、社会の発展に貢献できる、自主的で創造性に富む国民を育成する |
| 東京学芸大学附属大泉小学校 | 練馬区東大泉 5-22-1 | 03-5905-0200 | 学び、考え、ねばり強く取り組む。支え合い、ともに生きる。たくましく、清い心の子どもの育成 |
| 東京学芸大学附属竹早小学校 | 文京区小石川 4-2-1 | 03-3816-8943 | 「自ら学び、ともに手をとり合い、生活を切り拓く子」の育成 |
| 東京学芸大学附属竹早中学校 | 文京区小石川 4-2-1 | 03-3816-8601 | 真理と正義を愛し、平和で文化的な社会を形成できるよう、個人の尊厳を重んじ、自主的精神に充ちた人間の教育 |

| 学校名 | 住所 | 電話番号 | 特徴 |
|---|---|---|---|
| 福島大学附属特別支援学校 | 福島市八木田字並柳 71 | 024-546-0535 | 自分を高めようと努力する人。他人をだいじにしようと努力する人。社会につくそうと努力する人 |
| 茨城大学教育学部附属幼稚園 | 水戸市三の丸 2-6-8 | 029-224-3708 | 素直に表現する子。思いを実現しょうとする子。いろいろなことに挑む子。相手の気持ちがわかる子。調和する子 |
| 茨城大学教育学部附属小学校 | 水戸市三の丸 2-6-8 | 029-231-2831 | 正しい判断力、思考深い行動、心豊かで健康な子。新文化の創造に必要な基礎学力・体力のある子 |
| 茨城大学教育学部附属中学校 | 水戸市文京 1-3-32 | 029-221-5802 | より高い価値観、実践、ともに向上する生徒。入って、入れて、勤めて、あって良かったと思える学校づくり |
| 茨城大学教育学部附属特別支援学校 | ひたちなか市津田 1955 | 029-274-6712 | 児童生徒の一人一人の 能力と特性に応じた効果的で充実した教育 |
| 宇都宮大学教育学部附属幼稚園 | 宇都宮市松原 1-7-38 | 028-622-9051 | しんぼう強くがんばり、心豊な子ども。よく聞き、考えを話せる子ども。自然や物を大切にする子ども |
| 宇都宮大学教育学部附属小学校 | 宇都宮市松原 1-7-38 | 028-621-2291 | 先導的・先進的な研究校としての役割と子供たちに最良の教育を行うことを目的教育研究及び実践を行っている |
| 宇都宮大学教育学部附属中学校 | 宇都宮市松原 1-7-38 | 028-621-2555 | 「生きる力」を備えた人間の育成、生徒たちが自己の能力と個性を伸ばし、充実した学校生活を送る実践 |
| 宇都宮大学教育学部附属特別支援学校 | 宇都宮市宝木町 1-2592 | 028-621-3871 | 子どもの発達・特性及びニーズに応じた教育、心身の発達を図り個性豊かな社会生活を送ることができる教育 |
| 群馬大学教育学部附属幼稚園 | 前橋市若宮町 2-5-3 | 027-231-3170 | 健康でいきいきした子どもに育てる |
| 群馬大学教育学部附属小学校 | 前橋市若宮町 2-8-1 | 027-231-5725 | 「つよく　ただしく　かしこく」 |
| 群馬大学教育学部附属中学校 | 前橋市上沖町 612 | 027-231-4651 | 「共生、創造、健康」 |
| 群馬大学教育学部附属特別支援学校 | 前橋市若宮町2-8-1 | 027-231-1384 | 健康で、人と調和でき、豊かな生活を築いていく能力を身につけ、よりよい社会的自立ができる児童生徒を育成する |
| 埼玉大学教育学部附属幼稚園 | さいたま市浦和区常盤 8-13-1 | 048-833-6288 | 子どもの「自らのびる力」を育てる |
| 埼玉大学教育学部附属小学校 | さいたま市浦和区常盤 6-9-44 | 048-833-6291 | 勤労をいとわない自主的精神旺盛な、人間性豊かな良き社会人を育成する |
| 埼玉大学教育学部附属中学校 | さいたま市南区別所 4-2-5 | 048-862-2214 | 正しい判断力とたくましい実践力を持った自主的人間の育成 |
| 埼玉大学教育学部附属特別支援学校 | さいたま市北区日進町 2-480 | 048-663-6803 | 物事に積極的に取り組み、生きる喜びを味わいながら、充実した社会生活のできる子どもを育成する |
| 千葉大学教育学部附属幼稚園 | 千葉市稲毛区弥生町 1-33 | 043-251-9001 | うごく、かんじる、かんがえる子ども |
| 千葉大学教育学部附属小学校 | 千葉市稲毛区弥生町 1-33 | 043-290-2462 | 学び合い、喜び・感動のある学校を創造し、確かな学力と心豊かに生きる力を育てよう |
| 千葉大学教育学部附属中学校 | 千葉市稲毛区弥生町 1-33 | 043-290-2493 | 広い視野に立って、明るく生き生きと活動する生徒を育成することを目標 |
| 千葉大学教育学部附属特別支援学校 | 千葉市稲毛区長沼原町 312 | 043-258-1111 | 一人ひとりが、仲間とともに活動する中で、個性を発揮し、目当てと見通しをもち、自立できるようになること |

| 学校名 | 住所 / 電話番号 |
|---|---|
| 特徴 | |
| 上越教育大学附属幼稚園 | 上越市山屋敷町 1<br>025-521-3697 |
| 『元気な子ども　やさしい子ども　考える子ども』「遊び」は「学び」「遊び」を通して「生きる力の基礎」を育てる | |
| 上越教育大学附属小学校 | 上越市西城町 1-7-1<br>025-523-3610 |
| 『生き生きとした子ども』 今を生き明日をつくる子どもが育つ学校 | |
| 上越教育大学附属中学校 | 上越市本城町 6-2<br>025-523-5313 |
| 民主社会の発展に寄与する人間性豊かな、たくましい生徒を育成する | |
| 富山大学人間発達科学部附属幼稚園 | 富山市五艘 1300<br>076-445-2812 |
| いきいきとした子。自分で考え、行動し、責任をもとうとする子。まわりのすべてに心をかよわせて生活する子 | |
| 富山大学人間発達科学部附属小学校 | 富山市五艘 1300<br>076-445-2803 |
| 『自ら考え判断し行動できる子供の育成』 学力向上と家庭学習の充実、豊かな心づくり、健康な体づくり | |
| 富山大学人間発達科学部附属中学校 | 富山市五艘 1300<br>076-445-2806 |
| 強い意思をもって真・善・美を追求する人。、誠実・勤勉で、自主性をしっかり身に付けた人を育成する | |
| 富山大学人間発達科学部附属特別支援学校 | 富山市五艘 1300<br>076-445-2809 |
| 健康な心身をもち、自分の力を発揮して、豊かに生きていくことのできる児童生徒を育成する | |
| 金沢大学人間社会学域学校教育学類附属幼稚園 | 金沢市平和町 1-1-15<br>076-226-2171 |
| 一人一人の幼児が自分なりの力を発揮し、友達とかかわり合いながら生きる力をやしなう | |
| 金沢大学人間社会学域学校教育学類附属小学校 | 金沢市平和町 1-1-15<br>076-226-2111 |
| 『共に生きる力』 変化する未来社会を生き抜く力と、豊かな社会の形成者として人間愛あふれる資質の基礎を育成する | |
| 金沢大学人間社会学域学校教育学類附属中学校 | 金沢市平和町 1-1-15<br>076-226-2121 |
| 自由闊達な気風の中で、広い視野と豊かな人間性を持ち、将来、社会的使命を果たす生徒を育成する | |
| 金沢大学人間社会学域学校教育学類附属高等学校 | 金沢市平和町 1-1-15<br>076-226-2154 |
| 共同友愛の学校生活を送る。謙虚に努力精進する。人間完成に努め、社会人として品性を陶冶する | |
| 金沢大学人間社会学域学校教育学類附属特別支援学校 | 金沢市東兼六町 2-10<br>076-263-5551 |
| 実態に即した指導を行うことにより、一人一人の全面的な発達を促し、精一杯生きる力を育てることをめざす | |
| 福井大学教育学部附属幼稚園 | 福井市二の宮 4-45-1<br>0776-22-6687 |
| 『夢をもち、未来を拓く子の育成』。 自ら取り組む子。自分の力でやりぬく子。友達と心を合わす子。表現できる子 | |
| 福井大学教育学部附属義務教育学校(前期) | 福井市二の宮 4-45-1<br>0776-22-6891 |
| 『未来を創る自己の確立』。 問題を解決する子。つながりを大切に、高め合う子。集団の一員として、行動できる子 | |
| 福井大学教育学部附属義務教育学校(後期) | 福井市二の宮 4-45-1<br>0776-22-6985 |
| 『未来を創る自己の確立』。学び続ける子。他者と新たな価値を生み出す子。社会の担い手としての自覚を持てる子 | |
| 福井大学教育学部附属特別支援学校 | 福井市八ッ島町 1-3<br>0776-22-6781 |
| 心身ともに健やかな子を育てる。生活に必要な基礎的能力を養う。はたらく喜びをもつ子を育てる | |
| 信州大学教育学部附属幼稚園 | 松本市桐 1-3-1<br>0263-37-2214 |
| 『遊びにうちこむ子ども』 じょうぶな子ども。自分からやりぬく子ども。思いやりのある子ども | |
| 信州大学教育学部附属長野小学校 | 長野市南堀 77-1<br>026-251-3350 |
| 判断力のある思いやりの深い子ども。創造力のあるたくましい子ども。協調性のある自主的な子ども | |
| 信州大学教育学部附属長野中学校 | 長野市南堀 109<br>026-243-0633 |
| 『ともに学び　一人となる』 瞳を輝かせて問いを追究する学校 | |
| 信州大学教育学部附属松本小学校 | 松本市桐 1-3-1<br>0263-37-2216 |
| 活気ある子ども。集中する子ども。仲のよい子ども | |
| 信州大学教育学部附属松本中学校 | 松本市桐 1-3-1<br>0263-37-2212 |
| たくましく心豊かな地球市民　ー自主・創造・愛他ー | |

| 学校名 | 住所 / 電話番号 |
|---|---|
| 特徴 | |
| 東京学芸大学附属国際中等教育学校 | 練馬区東大泉 5-22-1<br>03-5905-1326 |
| 国際社会で「いきる」力を育てる | |
| 東京学芸大学附属高等学校 | 世田谷区下馬 4-1-5<br>03-3421-5151 |
| 健康な身体と、高い知性と、豊かな情操とを持ち、清純で気品の高い、世界性の豊かな人間を育成する | |
| 東京学芸大学附属特別支援学校 | 東久留米市氷川台1-6-1<br>042-471-5274 |
| 1人1人が自立と社会参加を目指して、その個性・能力を調和的に高めていくための主体的な行動力を身につける | |
| 東京大学教育学部附属中等教育学校 | 中野区南台 1-15-1<br>03-5351-9050 |
| 未来にひらく自己の確立 | |
| 東京藝術大学音楽学部附属音楽高等学校 | 台東区上野公園 12-8<br>050-5525-2406 |
| 高い教養と見識、魅力あふれる人間性を兼ね揃えた音楽専門教育を目指す | |
| 東京工業大学附属科学技術高等学校 | 港区芝浦 3-3-6<br>03-3453-2251 |
| 基礎学力、実践力、国際力、社会人の教養と礼節を培い、科学と技術で社会に貢献できる自主性と創造力を育む | |
| 横浜国立大学教育学部附属鎌倉小学校 | 鎌倉市雪ノ下 3-5-10<br>0467-22-0647 |
| 自ら対象にかかわり、意味や価値を追求するとともに、仲間と高めあい自立に向かう子」を教育目標としています | |
| 横浜国立大学教育学部附属鎌倉中学校 | 鎌倉市雪ノ下 3-5-10<br>0467-22-2033 |
| 目標を持ち、自分のよさを発揮し、思いやりの心で共に生きる喜びを見いだす生徒。よりよい社会をつくろうとする生徒 | |
| 横浜国立大学教育学部附属横浜小学校 | 横浜市中区立野 64<br>045-622-8322 |
| 主体性のある子、社会性のある子、人間尊重の精神をもつ子、生命尊重の精神をもつ健康な子 | |
| 横浜国立大学教育学部附属横浜中学校 | 横浜市南区大岡 2-31-3<br>045-742-2281 |
| 柔軟な思考力と行動力で、これからの社会をよりよく生きるための 幅広い能力を身に付けた人間の育成 | |
| 横浜国立大学教育学部附属特別支援学校 | 横浜市南区大岡 2-31-3<br>045-742-2291 |
| 一人ひとりの特性に応じ、心身の調和的発達を図る。可能性を伸ばし、社会参加に必要な知識、技能、態度を養う | |
| 山梨大学教育学部附属幼稚園 | 甲府市北新 1-2-1<br>055-220-8320 |
| 健康でたくましい子ども、感動する心・表現する子ども、友だちと共に育ちあう子ども | |
| 山梨大学教育学部附属小学校 | 甲府市北新 1-4-1<br>055-220-8291 |
| ともに学び　ともに生きる　心美しき子ども | |
| 山梨大学教育学部附属中学校 | 甲府市北新 1-4-2<br>055-220-8310 |
| 学ぶことに誠実な生徒、健康で情操豊かな生徒、自らの可能性に積極的に挑戦する生徒、互いの良さを認める生徒 | |
| 山梨大学教育学部附属特別支援学校 | 甲府市天神町 17-35<br>055-220-8282 |
| 教育目標「自ら考え、行動し、まわりの人と助け合いながら生き生きと生活できるたくましい心と体を養う」 | |
| 新潟大学教育学部附属幼稚園 | 長岡市学校町 1-1-1<br>0258-32-4192 |
| 『友達いっぱい 夢いっぱい 元気で遊ぶ 附属の子』友達と仲良く遊べる子ども 健康で明るい子ども 創造性豊かな子ども | |
| 新潟大学教育学部附属新潟小学校 | 新潟市中央区西大畑町 5214<br>025-223-8321 |
| 『学びを生かす子ども』確かな学力、豊かな感性、健やかな心身を育てます | |
| 新潟大学教育学部附属新潟中学校 | 新潟市中央区西大畑町 5214<br>025-223-8341 |
| 『生き方を求めて学ぶ生徒』自ら考え行動する。考えを吟味し判断する。他者を尊重し強調する。よりよいものを創造していく | |
| 新潟大学教育学部附属長岡小学校 | 長岡市学校町 1-1-1<br>0258-32-4191 |
| 『独立自尊』真に自愛独立の道を主体的な互尊協調に求めようとする精神 新しいものをつくりだす、探求する、相手を尊重する | |
| 新潟大学教育学部附属長岡中学校 | 長岡市学校町 1-1-1<br>0258-32-4190 |
| 『知性と品位をもち、社会を興す人となろう』 創造ある学び、豊かな感性、たくましい心身 | |
| 新潟大学教育学部附属特別支援学校 | 新潟市中央区西大畑町 5214<br>025-223-8383 |
| 『進んでやろうとする子　やさしく思いやりのある子　元気でじょうぶな子』 | |

| 学校名 | 住所 | 電話番号 | 特徴 |
|---|---|---|---|
| 三重大学教育学部附属中学校 | 津市観音寺町 471 | 059-226-5281 | 豊かな創造性とたくましい実践力をもち、生活をきりひらく生徒の育成 |
| 三重大学教育学部附属特別支援学校 | 津市観音寺町 484 | 059-226-5193 | 社会の中で、自分らしく、たくましく生きる子どもの育成 |
| 滋賀大学教育学部附属幼稚園 | 大津市昭和町 10-3 | 077-527-5257 | いまを生きる共に育つ幼稚園 |
| 滋賀大学教育学部附属小学校 | 大津市昭和町 10-3 | 077-527-5251 | 心豊かで実行力のある子ども |
| 滋賀大学教育学部附属中学校 | 大津市昭和町 10-3 | 077-527-5255 | 連帯協力し合える人。正しい判断力をもつ。心豊かな人。国際的視野に立ち、国と郷土を築く人間に |
| 滋賀大学教育学部附属特別支援学校 | 大津市際川 3-9-1 | 077-522-6569 | 「生きぬく力をめざして」 |
| 京都教育大学附属幼稚園 | 京都市伏見区桃山井伊掃部東町 16 | 075-601-0307 | 自分で考え行動する子供、想造豊かに行動する子供、人・物と共に生活を創る子供 |
| 京都教育大学附属京都小中学校(初等部) | 京都市北区紫野東御所田町 37 | 075-441-4166 | 自らの将来展望を切り開いていく能力を身につけ21世紀をリードする生徒に導く |
| 京都教育大学附属京都小中学校(中高等部) | 京都市北区小山南大野町 1 | 075-431-7131 | 国際化、情報化、科学技術に対応できる。豊かな人間性を持つ。実践力を培う生徒。主体的に進路を選択できる生徒 |
| 京都教育大学附属桃山小学校 | 京都市伏見区桃山筒井伊賀東町 46 | 075-611-0138 | 豊かな心情、すじみちだった考え方、たくましい実践力に富んだ子どもの育成 |
| 京都教育大学附属桃山中学校 | 京都市伏見区桃山井伊掃部東町 16 | 075-611-0264 | 豊かな感性をもち、周りと関わりながら自己を伸ばす生徒の育成 |
| 京都教育大学附属高等学校 | 京都市伏見区深草越後屋敷町111 | 075-641-9195 | 民主的、文化的、平和的な人間の育成。高い知性、健康な身体、豊かな情操の調和した人間の育成 |
| 京都教育大学附属特別支援学校 | 京都市伏見区深草大亀谷大山町 90 | 075-641-3531 | 生活意欲に富む、個性豊かな社会人を育成する |
| 大阪教育大学附属幼稚園 | 大阪市平野区流町 2-1-79 | 06-6709-9400 | 「すこやかに　あたたかく　遊びに生きる子ども」 |
| 大阪教育大学附属天王寺小学校 | 大阪市阿倍野区松崎町 1-2-45 | 06-6621-0123 | 健康で、協力してしごとのできる子。自分で考え、実行できる子。最後までやりとおせる子。明るくくらせる子 |
| 大阪教育大学附属天王寺中学校 | 大阪市天王寺区南河堀町 4-88 | 06-6775-6052 | 基礎学力を固め、個性を伸ばし、協調性を養う。学び合いの精神を大切にしながら、無限の可能性を探る |
| 大阪教育大学附属平野小学校 | 大阪市平野区流町 1-6-41 | 06-6709-1230 | ひとりで考え　ひとと考え　最後までやりぬく子 |
| 大阪教育大学附属平野中学校 | 大阪市平野区流町 2-1-24 | 06-6709-9600 | 新鮮であるか。公正であるか。個人の価値を尊重しているか。責任をわきまえているか。健康であるか |
| 大阪教育大学附属池田小学校 | 池田市緑丘 1-5-1 | 072-761-3591 | 主体的な意欲と能力、社会性、平和と発展を希求する、たくましい心身、社会づくりに主体的に参画する人間の育成 |
| 大阪教育大学附属池田中学校 | 池田市緑丘 1-5-1 | 072-761-8690 | 自主・自律につながる学びの基礎・基本の確立・確かな学力の育成・自他の文化の理解、共生の心の涵養 |
| 大阪教育大学附属高等学校天王寺校舎 | 大阪市天王寺区南河堀町 4-88 | 06-6775-6052 | 旺盛な向学心をもち、透徹した判断力、頑健な心身、実践力、豊かな感性、責任感・遵法・奉仕・協調の精神を養う |

| 学校名 | 住所 | 電話番号 | 特徴 |
|---|---|---|---|
| 信州大学教育学部附属特別支援学校 | 長野市南堀 109 | 026-241-1177 | 自らの力をじゅうぶん発揮し、主体的に取り組む生活を今と将来にわたって実現する児童生徒の育成 |
| 岐阜大学教育学部附属小学校 | 岐阜市加納大手町 74 | 058-271-3545 | なかまのしあわせのために、よく考え、助け合い、つくりだす、心身ともに健康な子どもの育成をめざす |
| 岐阜大学教育学部附属中学校 | 岐阜市加納大手町 74 | 058-271-0320 | 『独歩、信愛、協働』 夢や願いを持って一人歩きのできる人間。自他を認めあい、信じ合う。助け合いのできる人間 |
| 静岡大学教育学部附属幼稚園 | 静岡市葵区大岩町 1-10 | 054-245-1191 | 主体的な生活を創造する子　ー自発・自律・協同ー |
| 静岡大学教育学部附属静岡小学校 | 静岡市葵区駿府町 1-94 | 054-254-4666 | 初等普通教育の実証、実験研究。教育実習。大学、各学校との連携。公立学校への有益な研究情報の提供 |
| 静岡大学教育学部附属静岡中学校 | 静岡市葵区駿府町 1-86 | 054-255-0137 | 『よりよいものを求めて、こだわり高め合う生徒』 |
| 静岡大学教育学部附属浜松小学校 | 浜松市中区布橋 3-2-1 | 053-455-1441 | 未来を拓き、生きるこども |
| 静岡大学教育学部附属浜松中学校 | 浜松市中区布橋 3-2-2 | 053-456-1331 | 「質素・清潔・品位」を体現する学校の創造 |
| 静岡大学教育学部附属島田中学校 | 島田市中河町 169 | 0547-35-6500 | 『高い知性・豊かな感性・強い信念』 |
| 静岡大学教育学部附属特別支援学校 | 静岡市葵区大岩町 1-15 | 054-247-2811 | 『心身ともに健康で、積極的に社会参加する人の育成をめざす』 |
| 愛知教育大学附属幼稚園 | 名古屋市東区大幸南 1-126 | 052-722-4610 | 自己肯定を育み、体験を通して、感性・意欲と行動力、自然や社会とのかかわり、生涯にわたる人格形成の基礎を培う |
| 愛知教育大学附属名古屋小学校 | 名古屋市東区大幸南 1-126 | 052-722-4616 | 健康で心の豊かな子、まことを求め正しいことを守る子、よく考え実践する子、人を敬い助け合う子 |
| 愛知教育大学附属名古屋中学校 | 名古屋市東区大幸南 1-126 | 052-722-4613 | 人格の完成を目指し、平和国家・民主社会の形成者として、心身共に健全な人間を育成する |
| 愛知教育大学附属岡崎小学校 | 岡崎市六供町八貫 15 | 0564-21-2237 | 自ら切り拓いてける児童の育成、問題の解決を図ろうとする児童の育成。思いやり、磨き合おうとする児童 |
| 愛知教育大学附属岡崎中学校 | 岡崎市明大寺町栗林 1 | 0564-51-3637 | 自主性、能動性を大切にした教育。「生活養育」が理念。子どもが生活から学び、生活に生かし、新しい生活をつくる |
| 愛知教育大学附属高等学校 | 刈谷市井ヶ谷町広沢 1 | 0566-36-1881 | あたたかい人間になろう、たくましい人間になろう、おおらかな人間になろう |
| 愛知教育大学附属特別支援学校 | 岡崎市六供町八貫 15 | 0564-21-7300 | 子どもの発達に応じ、生活能力や態度を養い、可能性を発揮して、自立できる力を育てる |
| 名古屋大学教育学部附属中学校 | 名古屋市千種区不老町 | 052-789-2672 | 個性と能力を伸ばす。主体性を養う。確かな基礎学力と生き方をつかませ、自立できる力を育てる |
| 名古屋大学教育学部附属高等学校 | 名古屋市千種区不老町 | 052-789-2672 | 個性と能力の伸長を目指す。こころ豊かで主体性のある人間形成を目的とする。基礎学力と自立できる力を育てる |
| 三重大学教育学部附属幼稚園 | 津市観音寺町 523 | 059-227-1711 | 正しいことや、美しいことを求め、ねばり強く行動する子ども。お互いを大切にし、高め合おうとする子ども |
| 三重大学教育学部附属小学校 | 津市観音寺町 359 | 059-227-1295 | 豊かな人間性を持ち主体的に考え行動する子どもの育成 |

| 学校名 | 住所 | 電話番号 | 特徴 |
|---|---|---|---|
| 鳥取大学附属中学校 | 鳥取市湖山町南 4-101 | 0857-31-5175 | 文武両道　切磋琢磨 |
| 鳥取大学附属特別支援学校 | 鳥取市湖山町西 2-149 | 0857-28-6340 | 人格的自立。大学や保護者、医療関係と連携した教育。地域での役割 |
| 島根大学教育学部附属幼稚園 | 松江市大輪町 416-4 | 0852-29-1120 | 豊かな感性と心情をもち、自分らしく遊びきる子どもを育てる |
| 島根大学教育学部附属小学校 | 松江市大輪町 416-4 | 0852-29-1200 | 日々の教育活動を通して、「知」「徳」「体」の調和的発達と、豊かな人間性、追求力のあるたくましい子どもを育てる |
| 島根大学教育学部附属中学校 | 松江市菅田町 167-1 | 0852-29-1300 | 社会に貢献しようとする生徒。創造的に探究し続ける生徒。共に伸びていく生徒 |
| 岡山大学教育学部附属幼稚園 | 岡山市中区東山 2-9-20 | 086-272-0260 | 自主自立　豊かな心でたくましく |
| 岡山大学教育学部附属小学校 | 岡山市中区東山 2-13-80 | 086-272-0511 | 人間尊重の精神を重んじ、豊かな創造力とたくましい実践力を身につけた心身ともに健康な子どもを育成する |
| 岡山大学教育学部附属中学校 | 岡山市中区東山 2-13-80 | 086-272-0202 | 自主自律　豊かな心で　たくましく |
| 岡山大学教育学部附属特別支援学校 | 岡山市中区平井 3-914 | 086-277-7431 | 調和のある一貫した指導を行い、児童生徒の全人的な発達を促し、主体的に社会生活に参加できる人間の育成を目指す |
| 広島大学附属幼稚園 | 東広島市鏡山北 333-2 | 082-424-6190 | 自然や友達とかかわりながら、その子らしさを発揮し共に育ちあう生活を通して心豊かにたくましく生きる力を育む |
| 広島大学附属小学校 | 広島市南区翠 1-1-1 | 082-251-9882 | 「自主」「共同」「探究」の精神を育み鍛える |
| 広島大学附属中学校 | 広島市南区翠 1-1-1 | 082-251-0192 | 「全人教育」の思想で「確かな知性と豊かな人間性の形成」「ほんものの教育」を探求し続けている |
| 広島大学附属高等学校 | 広島市南区翠 1-1-1 | 082-251-0192 | 「全人教育」の思想で「確かな知性と豊かな人間性の形成」「ほんものの教育」を探求し続けている |
| 広島大学附属東雲小学校 | 広島市南区東雲 3-1-33 | 082-890-5111 | 共生社会に生きる主人公として学び育つ子供を育てる |
| 広島大学附属東雲中学校 | 広島市南区東雲 3-1-33 | 082-890-5222 | 落ち着きがある中で、エネルギーが感じられる学校 |
| 広島大学附属三原幼稚園 | 三原市館町 2-6-1 | 0848-62-4642 | 人格の調和的、総合的発達をめざす |
| 広島大学附属三原小学校 | 三原市館町 2-6-1 | 0848-62-4238 | 真実を追究し、高い文化を築く。ねばり強く、生活を民主化する人間。社会のために尽くし、平和を求める人間 |
| 広島大学附属三原中学校 | 三原市館町 2-6-1 | 0848-62-4777 | 真実を追究し、高い文化を築く。ねばり強く、生活を民主化する人間。社会のために尽くし、平和を求める人間 |
| 広島大学附属福山中学校 | 福山市春日町 5-14-1 | 084-941-8350 | 人間性・創造性・社会性のある生徒の育成 |
| 広島大学附属福山高等学校 | 福山市春日町 5-14-1 | 084-941-8350 | 自由と自主の追究。能力の育成と進路希望の実現。国際社会をリードする人材。知の育成。先導的なカリキュラム |
| 山口大学教育学部附属幼稚園 | 山口市白石 3-1-2 | 083-933-5960 | 友達と心を合わせて遊び、いろいろなことに興味を持ち、元気に生活する子どもの育成 |

| 学校名 | 住所 | 電話番号 | 特徴 |
|---|---|---|---|
| 大阪教育大学附属高等学校平野校舎 | 大阪市平野区流町 2-1-24 | 06-6707-5800 | 学力の向上をめざす健全で創造性豊かな人格の育成。国際的視野に立ち自他を敬愛する人格の育成 |
| 大阪教育大学附属高等学校池田校舎 | 池田市緑丘 1-5-1 | 072-761-8473 | 生徒の自由・自主・自律を重んじる教育を行っている |
| 大阪教育大学附属特別支援学校 | 大阪市平野区喜連 4-8-71 | 06-6708-2580 | 個別的・集団的指導を通じて、発達の可能性をより豊かに実現させる |
| 神戸大学附属幼稚園 | 明石市山下町 3-4 | 078-911-8288 | 人間らしくよりよく生きるための行動の基盤を幼児自らに形成させる |
| 神戸大学附属小学校 | 明石市山下町 3-4 | 078-912-1642 | 自ら進んで生活を築く、国際的な視野と広い心、互いを尊重し合う。探究的な思考力を働かせ、文化を創造する子 |
| 神戸大学附属中等教育学校 | 神戸市東灘区住吉山手 5-11-1 | 078-811-0232 | 「見つける」「調べる」「まとめる」「発表する」の4つの力を、教科外活動、部活動等で育成する |
| 神戸大学附属特別支援学校 | 明石市大久保町大窪 2752-4 | 078-936-5683 | 集団の生活を通して児童・生徒一人ひとりの特別なニーズに応え、障害を軽減克服する力を育てていく |
| 兵庫教育大学附属幼稚園 | 加東市山国 2013-4 | 0795-40-2227 | やさしく豊かな心を持つ子供。健康な体の子供。よく考えて最後までやり抜く子供 |
| 兵庫教育大学附属小学校 | 加東市山国 2013-4 | 0795-40-2216 | 粘り強くといつづけ、はげまし支え合いともに伸びる子。強い心とたくましい体を作る子 |
| 兵庫教育大学附属中学校 | 加東市山国 2007-109 | 0795-40-2222 | 人生をたくましく豊かに生き抜くために、考え、鍛え、行動する人間の育成 |
| 奈良女子大学附属幼稚園 | 奈良市学園北 1-16-14 | 0742-45-7261 | 子どもの個性を伸ばし、集団の中の一員として円満な成長発達を助長し、将来のよき社会人を育成する |
| 奈良女子大学附属小学校 | 奈良市百楽園 1-7-28 | 0742-45-4455 | 開拓、創造の精神を育てる。真実追求の態度を強める。友愛、協同の実践をすすめる |
| 奈良女子大学附属中等教育学校 | 奈良市東紀寺町 1-60-1 | 0742-26-2571 | 「自由、自主、自立」。生徒数も少ないため、先輩後輩関係なく親しい関係を築くことができる |
| 奈良教育大学附属幼稚園 | 奈良市高畑町 354 | 0742-27-9286 | 生き生きとあそぶ子ども。精いっぱいがんばる子ども。友達といっしょにのびる子ども |
| 奈良教育大学附属小学校 | 奈良市高畑町 | 0742-27-9281 | 真理真実を学ぶ。くらしのすそ野をひろげる。ちがいを認めあって、発達の課題に応じて個別の援助 |
| 奈良教育大学附属中学校 | 奈良市法蓮町 2058-2 | 0742-26-1410 | しあわせな世の中を築く。ものの本質をきわめる。粘り強く現実を切り開く。励まし合い明るく健やかに生きる人に |
| 和歌山大学教育学部附属小学校 | 和歌山市吹上 1-4-1 | 073-422-6105 | 未来に生きて働く資質・能力の育成～探究的な学びとカリキュラム・デザイン～ |
| 和歌山大学教育学部附属中学校 | 和歌山市吹上 1-4-1 | 073-422-3093 | 「豊かな心　やりぬく力」 |
| 和歌山大学教育学部附属特別支援学校 | 和歌山市西小二里 2-5-18 | 073-444-1080 | 主体的に活用しようとする態度。明るくたくましく学び合い、自ら行動する姿勢。自立していくために必要な能力の向上 |
| 鳥取大学附属幼稚園 | 鳥取市湖山町北 2-465 | 0857-28-0010 | 幼児の望ましい経験や活動の場としての健全で安全な生活環境を整備し、自主性、社会性、創造性の芽生えを培う |
| 鳥取大学附属小学校 | 鳥取市湖山町南 4-101 | 0857-31-5171 | 学力と感性。人権尊重の精神と学びを支える力。自主的・積極的な態度と課題解決力。協力して学び続ける態度 |

| 学校名 | 住所 | 電話番号 | 特徴 |
|---|---|---|---|
| 高知大学教育学部附属幼稚園 | 高知市小津町 10-26 | 088-822-6417 | 『よく考えて行動する子』 いろいろなことに興味を持ち、生き生きと遊び、自分も友達も大切にする子 |
| 高知大学教育学部附属小学校 | 高知市小津町 10-13 | 088-822-6327 | よりよい社会をつくりだしていこうとするたくましい子ども |
| 高知大学教育学部附属中学校 | 高知市小津町 10-91 | 088-822-6537 | 人間性豊かに生きる力を持った生徒の育成 |
| 高知大学教育学部附属特別支援学校 | 高知市曙町 2-5-3 | 088-844-8450 | 児童の可能性を最高度に発揮させるとともに、社会生活に参加していく強さ、かしこさ、豊かさを身につけさせることが目標 |
| 福岡教育大学附属幼稚園 | 宗像市赤間文教町 1-30 | 0940-35-1262 | 幼児らしい遊びを通した指導。環境づくり。課題に即した指導。家庭・地域・大学との連携による幼児教育の振興 |
| 福岡教育大学附属福岡小学校 | 福岡市中央区西公園 12-1 | 092-741-4731 | 大学と連携して教師教育を行い、地域の教育モデルとして初等教育の振興に寄与する |
| 福岡教育大学附属福岡中学校 | 福岡市中央区西公園 12-1 | 092-771-8381 | 自ら進んで善を行い、世につくし、たゆまぬ努力で、目標を達成。失敗、困難にも屈することなく、前進する |
| 福岡教育大学附属小倉小学校 | 北九州市小倉北区下富野 3-13-1 | 093-531-1434 | 豊かな心とたくましい実践力のある子供の育成 |
| 福岡教育大学附属小倉中学校 | 北九州市小倉北区下富野 3-12-1 | 093-541-8621 | 創造的実践人の育成 |
| 福岡教育大学附属久留米小学校 | 久留米市南 1-3-1 | 0942-32-4402 | 成長する子、いい心の子、かしこい子の育成 |
| 福岡教育大学附属久留米中学校 | 久留米市南 1-3-1 | 0942-32-4488 | 自主と責任を重んじ、逞しく生きる人間力豊かな生徒の育成 |
| 佐賀大学教育学部附属幼稚園 | 佐賀市水ヶ江 1-4-45 | 0952-24-2745 | 身近な環境に自らかかわり、遊びを創り出す力を育てる |
| 佐賀大学教育学部附属小学校 | 佐賀市城内 2-17-3 | 0952-26-1005 | 心身の調和的発達を促し、豊かな人間性を育み、自ら学ぶ意欲を持ったたくましい児童の育成を目指す |
| 佐賀大学教育学部附属中学校 | 佐賀市城内 1-14-4 | 0952-26-1001 | 本校の使命に応じて、高いレベルで自律し、共同することができる次世代リーダーを育成する |
| 佐賀大学教育学部附属特別支援学校 | 佐賀市本庄町大字正里 46-2 | 0952-29-9676 | 児童・生徒の現在ならびに将来の身辺生活・社会生活および職業生活における適応能力を育成する |
| 長崎大学教育学部附属幼稚園 | 長崎市文教町 4-23 | 095-819-2288 | 「笑顔いっぱい　夢いっぱい」 |
| 長崎大学教育学部附属小学校 | 長崎市文教町 4-23 | 095-819-2271 | 悪戦苦闘能力を身につけ願いに向かってたくましく生き抜く子供の育成 |
| 長崎大学教育学部附属中学校 | 長崎市文教町 4-23 | 095-819-2277 | 人間として尊重し高め合い、強靭な意志と体力を養い、進んで事に当たる知性と情操を陶冶し、個性の創造に努める |
| 長崎大学教育学部附属特別支援学校 | 長崎市柳谷町 42-1 | 095-845-5646 | 発達段階等に応じた指導の充実。深い学びのある授業実践。児童生徒の実態に即した教育課程など |
| 熊本大学教育学部附属幼稚園 | 熊本市中央区城東町 5-9 | 096-352-3483 | 未来を切り拓く幼児に、生きる力(生き抜く力)の基礎を培い、生涯にわたる「人格形成」の基礎を培う |
| 熊本大学教育学部附属小学校 | 熊本市中央区京町本丁 5-12 | 096-356-2492 | 新しい時代を創造する子。日本を愛する心をもった子。ねばり強い心。自覚と責任をもって、最後までやり遂げる子など |

| 学校名 | 住所 | 電話番号 | 特徴 |
|---|---|---|---|
| 山口大学教育学部附属山口小学校 | 山口市白石 3-1-1 | 083-933-5950 | 様々な他者とあたたかくかかわり合いながら自分を形づくる子供の育成 |
| 山口大学教育学部附属山口中学校 | 山口市白石 1-9-1 | 083-922-2824 | 創造的な知性と判断力を身につけ、自他を敬愛し進んで奉仕でき、たくましく生き抜く力を身につけた生徒の育成 |
| 山口大学教育学部附属光小学校 | 光市室積 8-4-1 | 0833-78-0124 | 「夢と和と力」のみなぎる児童の育成 |
| 山口大学教育学部附属光中学校 | 光市室積 8-4-1 | 0833-78-0007 | 生活の中で考え判断し、仲間と学び合い、共に高め合える生徒。自ら発見し、考え続ける知の探求者たる生徒を育成 |
| 山口大学教育学部附属特別支援学校 | 山口市吉田 3003 | 083-933-5480 | 一人一人の思いや願いを大切にし、個性を生かしながら児童生徒の自立と社会参加を目指す教育の推進 |
| 鳴門教育大学附属幼稚園 | 徳島市南前川町 2-11-1 | 088-652-2349 | たくましい子ども、しなやかな子ども、育ちあう子ども |
| 鳴門教育大学附属小学校 | 徳島市南前川町 1-1 | 088-623-0205 | 自主性、協力性、創造性、及び豊かな人間性をそなえ、社会の発展に寄与する態度をもった児童を育成する |
| 鳴門教育大学附属中学校 | 徳島市中吉野町 1-31 | 088-622-3852 | 知・徳・体の人格の完成、自主・自立の精神、創造的能力、豊かな人間性で、国際社会の発展に寄与する中学生 |
| 鳴門教育大学附属特別支援学校 | 徳島市上吉野町 2-1 | 088-653-0151 | 明るい性格と豊かな人間性。日常に必要な習慣や態度。強靭な身体と意志、適応能力を高める |
| 香川大学教育学部附属幼稚園 | 坂出市文京町 1-9-4 | 0877-46-2694 | 健康でがんばる子ども。思いやりの心をもって人や物に接する子ども。よく見、よく考え、工夫する子ども |
| 香川大学教育学部附属幼稚園高松園舎 | 高松市番町 5-1-55 | 087-861-2393 | 心の豊かなやさしい子。元気でたくましい子。よく考え工夫する子 |
| 香川大学教育学部附属高松小学校 | 高松市番町 5-1-55 | 087-861-7108 | 分かち合い、共に未来を創造する、子どもの育成 |
| 香川大学教育学部附属高松中学校 | 高松市鹿角町 394 | 087-886-2121 | 自ら立ちつつ共に生きることを学ぶ。今日に生きつつ明日を志すことを学ぶ |
| 香川大学教育学部附属坂出小学校 | 坂出市文京町 2-4-2 | 0877-46-2692 | 『学びをつくる子どもの育成』 追求し、共に考える子ども。互いに思い合う子ども。健康で、たくましい子ども |
| 香川大学教育学部附属坂出中学校 | 坂出市青葉町 1-7 | 0877-46-2695 | 『広い視野をもった個性豊かな生徒の育成』 国際的な視点に立ち、創造性を生かし、心豊かな生活を築こうとする人 |
| 香川大学教育学部附属特別支援学校 | 坂出市府中町綾坂 889 | 0877-48-2694 | 特性に応じた教育を行い、社会や家庭生活に必要な体力・知識・技能・態度を育て、健康な個人として自立できる人間 |
| 愛媛大学教育学部附属幼稚園 | 松山市持田町 1-5-22 | 089-913-7857 | 自分らしさを生かし、ともに生活を楽しむ幼児の育成 |
| 愛媛大学教育学部附属小学校 | 松山市持田町 1-5-22 | 089-913-7861 | 自己を拓き、ともに生きる児童の育成 |
| 愛媛大学教育学部附属中学校 | 松山市持田町 1-5-22 | 089-913-7841 | 自立と共生の力をもつ生徒の育成 |
| 愛媛大学附属高等学校 | 松山市樽味 3-2-40 | 089-946-9911 | 確かな学力を身につけ、自ら課題を見つけ、学び、考え、主体的に判断して問題を解決することのできる生徒の育成 |
| 愛媛大学教育学部附属特別支援学校 | 松山市持田町 1-5-22 | 089-913-7891 | たくましく生きぬく力の育成～すべての子どもの自立、社会参加、就労の実現を目指す～ |

| 学校名 | 住所 | 電話番号 | 特徴 |
|---|---|---|---|
| 宮崎大学教育学部附属中学校 | 宮崎市花殿町 7-67 | 0985-25-1122 | 「学力、豊かな人間性、たくましい身体と、社会の変化に自ら対応できる生きる力をもった子ども」の育成 |
| 鹿児島大学教育学部附属幼稚園 | 鹿児島市郡元 1-20-15 | 099-285-7990 | 幼稚園教育の本質に基づき，一人一人の豊かな人間性の芽生えを培う |
| 鹿児島大学教育学部附属小学校 | 鹿児島市郡元 1-20-15 | 099-285-7962 | 夢や目標をもち、共にみがき高め合う子どもの育成 |
| 鹿児島大学教育学部附属中学校 | 鹿児島市郡元 1-20-35 | 099-285-7932 | 豊かな感性と人格を磨きながら、真理を求めて意欲的に学び、主体的・共同的に活動していく生徒を育てる |
| 鹿児島大学教育学部附属特別支援学校 | 鹿児島市下伊敷 1-10-1 | 099-224-6257 | 能力や可能性を最大限に伸ばし、共に生きる力を身に付け、家庭生活や社会生活を自立的に営み、社会参加できる |
| 琉球大学教育学部附属小学校 | 沖縄県中頭郡西原町字千原 1 | 098-895-8454 | 一人一人が夢をもち，未来を生きる力のある子 |
| 琉球大学教育学部附属中学校 | 沖縄県中頭郡西原町字千原 1 | 098-895-8462 | よく考え 豊かに感じ 自発的に行動する 生徒の人間性を形成する |

| 学校名 | 住所 | 電話番号 | 特徴 |
|---|---|---|---|
| 熊本大学教育学部附属中学校 | 熊本市中央区京町本丁 5-12 | 096-355-0375 | 互いに響きあう、心豊かな府中生の育成 |
| 熊本大学教育学部附属特別支援学校 | 熊本市中央区黒髪 5-17-1 | 096-342-2953 | 自立と社会参加を目指して主体的に取り組む子どもの育成 |
| 大分大学教育学部附属幼稚園 | 大分市王子新町 1-1 | 097-544-4449 | 豊かに生きる子どもの育成 |
| 大分大学教育学部附属小学校 | 大分市王子新町 1-1 | 097-543-6732 | 「未来へ向かって高い志を持ち、人や社会と豊かに関わり、自分を磨き高め合う子どもの育成」 |
| 大分大学教育学部附属中学校 | 大分市王子新町 1-1 | 097-543-6731 | 豊かな学びを基盤とし、高い志と確かな人間力を持つ実践力に富んだ生徒の育成 |
| 大分大学教育学部附属特別支援学校 | 大分市王子新町 1-1 | 097-543-8317 | 子どもの特性や保護者の願いを十分に把握し、一人一人に応じた指導を行い自立的、主体的な生活をめざす教育 |
| 宮崎大学教育学部附属幼稚園 | 宮崎市船塚 1-1 | 0985-24-6707 | 生き生きと活動できる子どもを育てる |
| 宮崎大学教育学部附属小学校 | 宮崎市花殿町 7-49 | 0985-24-6706 | 21世紀をたくましく生き抜くことのできる知・徳・体の調和のとれた人間性豊かな子どもの育成をめざす |

# 国立大学附属学校の先進教育


2018年11月1日 初版第1刷発行
編集・発行人:古川 猛
発行:東方通信社
発売:ティ・エー・シー企画
住所:東京都千代田区神田錦町1-14-4
電話:03-3518-8844
FAX:03-3518-8845
WEB:http://www.tohopress.com

印刷・製本:シナノ印刷
発行協力:全国国立大学附属学校連盟、
全国国立大学附属学校PTA連合会
編集:熊本鷹一、花澤治子
記者:石鍋謙太、相澤良晃、石田温香
DTP:鈴木光枝


<インタビューコーナーについて>

90～99頁のインタビューコーナーでは本書の編集・発行人である古川猛(月刊『コロンブス』編集長、東方通信社社主)がインタビュアーを務めた。全附連、全附P連、文科省、財務省、金融庁の関係各位に全国国立大学附属学校がはたす役割や実学を重視する時代の学校教育、附属学校と地域とのかかわり、学ぶことで成長していく「教育値」を大切にする教育とは何かをあらためて聞いた。